Méthode de **français** pour adolescents

2

Pourquoi pas !

Livre de l'élève

M. Bosquet

Y. Rennes

M.-F. Vignaud

Editions Maison des Langues, Paris

Pourquoi pas !
Livre de l'élève - Niveau 2

Auteurs
Michèle Bosquet, Yolanda Rennes, Marie-Françoise Vignaud

Conseils pédagogiques
Neus Sans

Coordination éditoriale
Philippe Liria

Rédaction
Lucile Lacan, Philippe Liria, Eulàlia Mata Burgarolas

Correction
Jean Petrissans

Conception graphique, mise en page et couverture
Enric Font

Documentation
Olga Mias

Enregistrements
Coordination : Marie-Laure Lions-Oliviéri, Philippe Liria, Eulàlia Mata Burgarolas
Studios d'enregistrement : RRC Multimedia et CYO Studios

www.emdl.fr

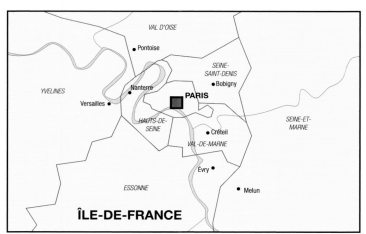

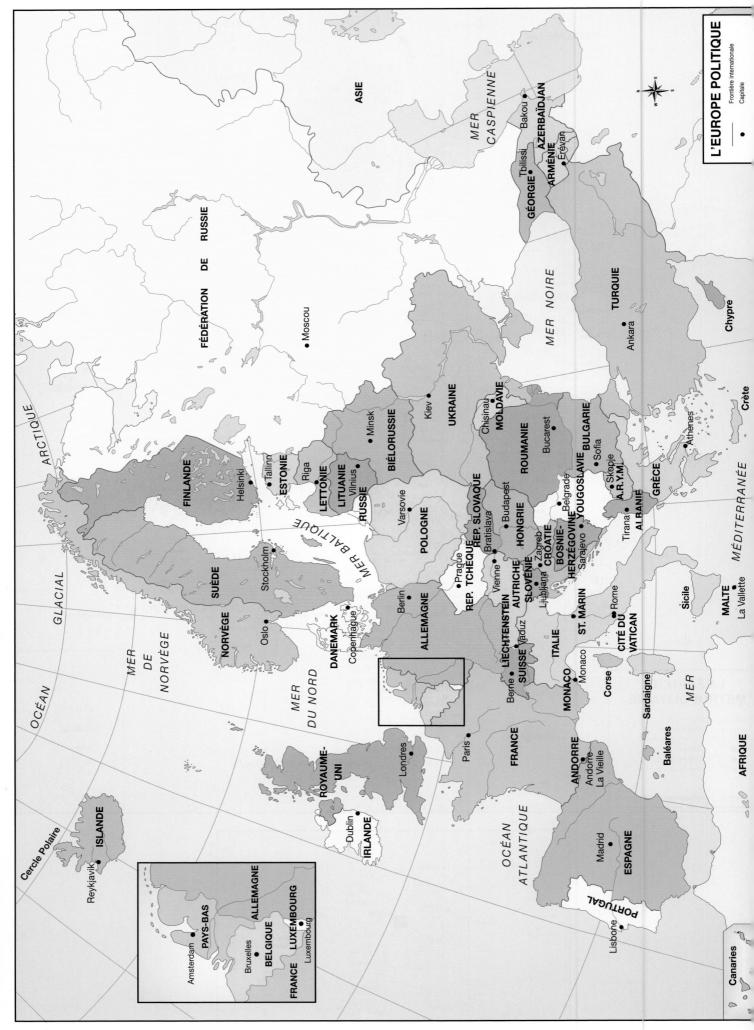

L'EUROPE POLITIQUE

Frontière internationale
• Capitale

ASIE

MER CASPIENNE

AZERBAÏDJAN
Bakou
ARMÉNIE
Érévan
GÉORGIE
Tbilissi

FÉDÉRATION DE RUSSIE

MER NOIRE

TURQUIE
Ankara

Chypre

Moscou

Kiev
UKRAINE

Chisinau
MOLDAVIE

ROUMANIE
Bucarest

BULGARIE
Sofia

Minsk
BIÉLORUSSIE

Skopje
A.R.Y.M.

Athènes
GRÈCE

Crète

OCÉAN GLACIAL ARCTIQUE

FINLANDE
Helsinki

Tallinn
ESTONIE

Riga
LETTONIE

LITUANIE
Vilnius

RUSSIE

Varsovie
POLOGNE

REP. TCHÈQUE
Prague

REP. SLOVAQUE
Bratislava

Budapest
HONGRIE

Belgrade
YOUGOSLAVIE

Tirana
ALBANIE

MER BALTIQUE

SUÈDE
Stockholm

NORVÈGE
Oslo

DANEMARK
Copenhague

Berlin
ALLEMAGNE

Vienne
AUTRICHE

LIECHTENSTEIN
Vaduz

SLOVÉNIE
Ljubljana

Zagreb
CROATIE

BOSNIE-HERZÉGOVINE
Sarajevo

MÉDITERRANÉE

MER DE NORVÈGE

MER DU NORD

Cercle Polaire

ISLANDE
Reykjavik

ROYAUME-UNI
Londres

Paris

FRANCE

SUISSE
Berne

Monaco
MONACO

ITALIE

ST. MARIN
Rome
CITÉ DU VATICAN

Sicile

MALTE
La Vallette

Corse

Sardaigne

MER

Baléares

OCÉAN ATLANTIQUE

IRLANDE
Dublin

ANDORRE
Andorre La Vieille

Madrid
ESPAGNE

PORTUGAL
Lisbonne

AFRIQUE

Canaries

PAYS-BAS
Amsterdam

ALLEMAGNE

BELGIQUE
Bruxelles

LUXEMBOURG
Luxembourg

FRANCE

Lettre au professeur

Cher / Chère Collègue,

Depuis quelques années, le monde des langues vivantes connaît des changements. La mise en place généralisée du Cadre européen commun de référence pour les langues (CECR) dans les classes et sa prise en compte dans les programmes officiels de la plupart des pays européens, et même au-delà, nous incitent, en tant qu'enseignants, à revisiter notre façon de vivre et de faire vivre l'apprentissage du français dans la classe.

Les changements qu'entraîne le CECR dans nos cours ne sont pas simplement formels. Ce sont nos pratiques de classe au quotidien qui se voient ainsi bouleversées, afin d'assurer un apprentissage centré sur l'élève en tant qu'acteur social devant réaliser des tâches qui ne sont pas uniquement langagières. Cette nouvelle dimension, c'est ce que le CECR et les récents travaux en didactique du FLE appellent la « perspective actionnelle ».

C'est cette perspective, appelée aussi approche et qui s'inscrit clairement dans le prolongement de l'approche communicative, que nous avons mise en place dans **Pourquoi pas !** et que vous allez retrouver à travers les unités qui composent le deuxième niveau de cette méthode de français pour collégiens, spécialement conçue selon les recommandations du CECR.

Découvrez dans ces premières pages, le contenu de **Pourquoi pas !** et des conseils d'utilisation avant de vous lancer dans cette nouvelle aventure.

La motivation étant au centre de tout apprentissage, nous vous souhaitons à vous et à vos élèves plein de plaisir dans ce voyage en français.

Les auteurs

TABLEAU DE CONTENUS

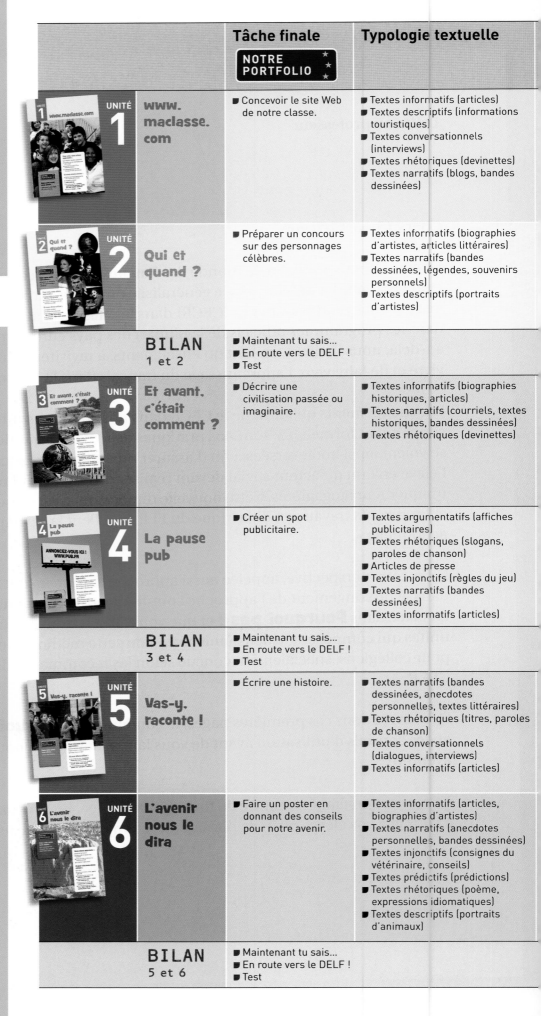

		Tâche finale NOTRE PORTFOLIO	Typologie textuelle
UNITÉ 1	www. maclasse. com	▪ Concevoir le site Web de notre classe.	▪ Textes informatifs (articles) ▪ Textes descriptifs (informations touristiques) ▪ Textes conversationnels (interviews) ▪ Textes rhétoriques (devinettes) ▪ Textes narratifs (blogs, bandes dessinées)
UNITÉ 2	Qui et quand ?	▪ Préparer un concours sur des personnages célèbres.	▪ Textes informatifs (biographies d'artistes, articles littéraires) ▪ Textes narratifs (bandes dessinées, légendes, souvenirs personnels) ▪ Textes descriptifs (portraits d'artistes)
	BILAN 1 et 2	▪ Maintenant tu sais... ▪ En route vers le DELF ! ▪ Test	
UNITÉ 3	Et avant, c'était comment ?	▪ Décrire une civilisation passée ou imaginaire.	▪ Textes informatifs (biographies historiques, articles) ▪ Textes narratifs (courriels, textes historiques, bandes dessinées) ▪ Textes rhétoriques (devinettes)
UNITÉ 4	La pause pub	▪ Créer un spot publicitaire.	▪ Textes argumentatifs (affiches publicitaires) ▪ Textes rhétoriques (slogans, paroles de chanson) ▪ Articles de presse ▪ Textes injonctifs (règles du jeu) ▪ Textes narratifs (bandes dessinées) ▪ Textes informatifs (articles)
	BILAN 3 et 4	▪ Maintenant tu sais... ▪ En route vers le DELF ! ▪ Test	
UNITÉ 5	Vas-y, raconte !	▪ Écrire une histoire.	▪ Textes narratifs (bandes dessinées, anecdotes personnelles, textes littéraires) ▪ Textes rhétoriques (titres, paroles de chanson) ▪ Textes conversationnels (dialogues, interviews) ▪ Textes informatifs (articles)
UNITÉ 6	L'avenir nous le dira	▪ Faire un poster en donnant des conseils pour notre avenir.	▪ Textes informatifs (articles, biographies d'artistes) ▪ Textes narratifs (anecdotes personnelles, bandes dessinées) ▪ Textes injonctifs (consignes du vétérinaire, conseils) ▪ Textes prédictifs (prédictions) ▪ Textes rhétoriques (poème, expressions idiomatiques) ▪ Textes descriptifs (portraits d'animaux)
	BILAN 5 et 6	▪ Maintenant tu sais... ▪ En route vers le DELF ! ▪ Test	

Comment utiliser **Pourquoi pas !** ?

Vous avez entre les mains le Livre de l'élève de **Pourquoi pas !**, la première méthode de français pour adolescents qui propose aux apprenants de réaliser des tâches dans une perspective actionnelle, comme le préconise le Cadre européen commun de référence pour les langues (CECR). Car, comme c'est en jouant d'un instrument qu'on apprend à en jouer, c'est en parlant une langue qu'on apprend à la parler.

Dans chaque unité, l'apprenant aura une tâche à accomplir. Il y parviendra grâce aux outils lexicaux et grammaticaux, aux savoir-faire et aux stratégies d'apprentissage qu'il acquerra pendant le développement de cette unité, guidé par le professeur.

La perspective actionnelle développée dans ce manuel rend l'élève véritablement acteur de son apprentissage à travers des activités où il pourra pleinement s'impliquer, à l'écrit et à l'oral, individuellement, en tandem ou en groupe.

Dès la première page de l'unité, l'apprenant prendra connaissance de la **tâche** qu'il devra réaliser en fin d'unité et les **outils** dont il aura besoin pour la mettre en place.

Une compréhension orale ? Une activité écrite ? Une stratégie d'apprentissage ? Pour mieux se repérer dans ce livre, voici quelques explications sur les symboles qui y apparaissent au fil des pages :

Ce point rouge indique un échantillon d'échange oral.

● *Je pense que...*
○ *Et moi, je pense que...*

Ce stylo précède un modèle d'activité écrite.

Cette boussole **Savoir apprendre** indique les stratégies d'apprentissage.

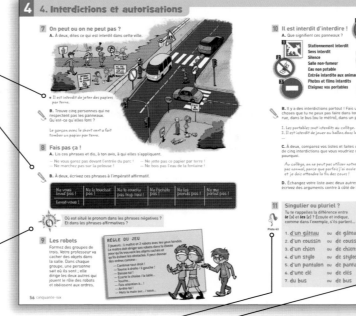

Ce pictogramme, accompagné du numéro de piste indique les activités audio du CD.

Monsieur Phonétique illustre les activités de phonétique et de prosodie du manuel.

On a besoin de...

Cette colonne fournit les outils nécessaires à la réalisation des activités de la double page. Il trouvera une information plus détaillée dans le **Précis grammatical**.

Quartier libre, c'est le nom du magazine que les apprenants vont retrouver sur une double page en fin d'unité. Comme son nom l'indique, c'est le moment de détente et d'humour : on y trouve des articles de sociétés et de civilisation, des jeux, etc. sur la France et la Francophonie.

Matéo et Émilie sont les héros de la bande dessinée de ce deuxième niveau. Les apprenants pourront écouter et lire les aventures de Matéo et de sa cousine Émilie, ainsi que de leurs amis dans six aventures différentes. Cette BD est l'occasion d'avoir un contact encore plus direct avec la langue orale actuelle des adolescents français.

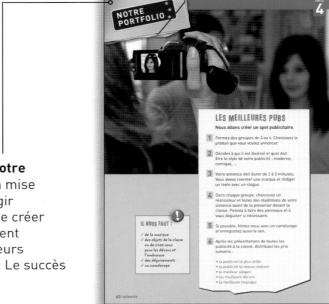

À la fin de chaque unité, la rubrique **Notre portfolio** donne les indications pour la mise en place de la **tâche finale**. Il peut s'agir d'élaborer un projet de site Internet, de créer un spot publicitaire, etc. C'est le moment où les apprenants devront mobiliser leurs connaissances et les acquis de l'unité. Le succès de la tâche en dépend.

Toutes les tâches de ce livre sont basées sur les recommandations du CECR.

Comment utiliser Pourquoi pas ! ?

Toutes les deux unités, le manuel propose à l'élève de faire le point sur son apprentissage au travers d'un **bilan** qui comprend des activités variées qui reprennent les différentes compétences.

Ils pourront aussi se préparer au DELF scolaire grâce à la rubrique *En route vers le DELF !*

Les **cartes** fournissent aux apprenants des renseignements en français sur la France métropolitaine et sur l'Europe politique.

Le **précis grammatical** reprend et complète les contenus linguistiques de la colonne *On a besoin de...* Les points sont traités de façon thématique et le professeur peut s'y référer à tout moment et inciter les apprenants à le consulter quand ils en ont besoin pour leur travail. À la fin de ce précis, les apprenants trouveront un tableau de conjugaison des principaux verbes et temps traités dans les unités, ainsi que des remarques sur certaines particularités.

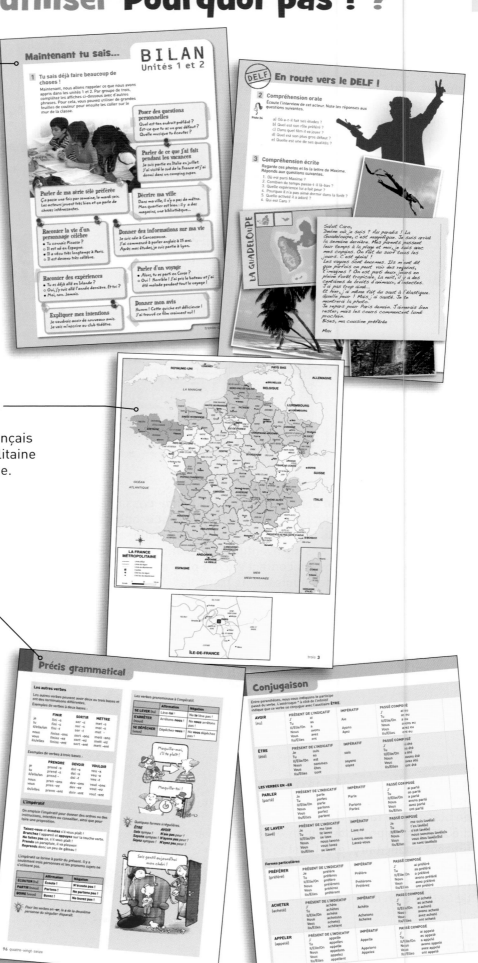

Bonjour,

Ce livre a été écrit pour toi. Il va te permettre d'approfondir ton apprentissage du français. Tu pourras parler des choses ou des personnes que tu aimes, mais aussi de problèmes qui nous entourent.

Apprendre une autre langue, c'est comme un voyage ou une aventure où chaque jour on en sait un peu plus, mais où aussi on en apprend un peu plus pour aller encore plus loin.

D'abord, tu vas bien entendu retrouver des éléments de la première année de français pour ensuite poursuivre ta route vers d'autres sujets dont tu parles en classe ou avec tes amis. Nous espérons bien sûr que tu pourras très vite le faire en français.

Pour avancer, tu devras bien sûr mobiliser tout ce que tu sais déjà, non seulement en français mais aussi dans d'autres matières, et même en dehors du collège.

Les activités que nous te proposons dans **Pourquoi pas !** te permettront de voir très rapidement qu'apprendre une langue, c'est avant tout savoir communiquer, seul, en tandem ou en groupe, sur des sujets motivants.

Pourquoi pas ! va donc être ton compagnon de route pour rendre ton apprentissage du français encore plus agréable.

Bon voyage !

UNITÉ 1

www.maclasse.com

NOTRE PORTFOLIO ★ ★ ★

Dans cette unité, nous allons...

concevoir le site Web de notre classe.

Pour cela, nous allons apprendre :

- à raconter des faits passés (1)
- à parler de nos intentions et de nos projets
- à parler d'un film, d'une émission de télé
- à demander/donner des renseignements personnels

Et nous allons utiliser :

- tout ce que nous avons appris en 1ʳᵉ année de français
- le passé composé
- **avoir envie de**
- les interrogatifs : **combien, comment, où, pourquoi, quand, qui, quoi, quel(s), quelle(s)**
- la forme **ce que ..., c'est**

1 La rentrée

Piste 1

Un peu de français familier

ouais = oui
j'ai pas envie = je n'ai pas
envie
t'as raison = tu as raison
les gars = les amis
c'est cool = c'est génial !
cet après-m' = cet après-
midi

Piste 1

A. Lis et réécoute l'histoire de Matéo. Complète les phrases.

Matéo et son père déménagent parce que ▆▆▆▆▆▆▆▆.

Émilie est ▆▆▆▆▆▆▆.

Matéo n'a pas envie de ▆▆▆▆▆ parce que ▆▆▆▆▆.

Les cours recommencent le ▆▆▆▆▆▆▆.

Émilie et ses amis veulent ▆▆▆▆▆▆.

Matéo aime ▆▆▆▆▆▆▆, il a envie de ▆▆▆▆▆▆▆.

B. En groupe, parlez de la rentrée scolaire.

*Cette année, nous avons commencé les cours le mercredi
12 septembre.
Il y a deux nouveaux élèves dans
la classe : Maria et Kevin.
...*

C. Au début de l'année, nous prenons toujours de bonnes résolutions. Faites circuler une feuille dans la classe où chacun va écrire sa « bonne résolution » pour l'année scolaire.

On a besoin de...

Intentions et projets

J'ai envie de m'inscrire à l'atelier théâtre.
Je voudrais faire du théâtre.
Je veux avoir de bonnes notes en français.
Je vais travailler tous les jours.

Le présent

AIMER

J'	**aim**e*	[ɛm]
Tu	**aim**es*	[ɛm]
Il/elle/on	**aim**e*	[ɛm]
Nous	**aim**ons	
Vous	**aim**ez	
Ils/elles	**aim**ent*	[ɛm]

Tous les verbes en **-er** ont ces terminaisons, sauf aller.

 * Ces personnes ont une prononciation identique.

CONNAÎTRE

Je	**connai**s*	[kɔnɛ]
Tu	**connai**s*	[kɔnɛ]
Il/elle/on	**connai**t*	[kɔnɛ]
Nous	**connaiss**ons	
Vous	**connaiss**ez	
Ils/elles	**connaiss**ent	

 * Ces personnes ont une prononciation identique.

SAVOIR

Je	**sai**s*	[sɛ]
Tu	**sai**s*	[sɛ]
Il/elle/on	**sai**t*	[sɛ]
Nous	**sav**ons	
Vous	**sav**ez	
Ils/elles	**sav**ent	

 * Ces personnes ont une prononciation identique.

Cette année...

Je vais faire mes devoirs tous les jours.
J'ai envie de faire beaucoup de sport.

Je voudrais apprendre à jouer de la guitare.

quinze **15**

2 Six millions de fans

A. Lis les interviews de Juliette Gildo et de Laurent Chédru. Note tes points communs avec eux dans ton cahier.

Moi aussi, je joue de la guitare.
Je suis né(e) en mai, comme lui, mais je ne suis pas Gémeaux.

B. Maintenant, choisis 12 à 15 thèmes du questionnaire soumis à Juliette Gildo et prépare une interview pour un(e) de tes camarades. Si tu veux, tu peux aussi rajouter des thèmes. Note ses réponses.

- *Ton signe du zodiaque ?*
- ○ *Capricorne*
- *Combien tu mesures ?*
- ○ *1,58 m.*
- *Quel est ton livre préféré ?*
- ○ *Harry Potter.*
- *Et ton film préféré ?*
- ○ *Superman.*
- …

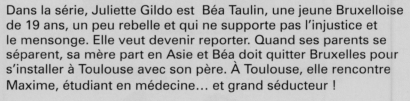

Les Années Rebelles

Juliette Gildo et Laurent Chédru font partie des nombreux acteurs des *Les Années Rebelles*, une série télévisée qui obtient un véritable succès : plus de 500 épisodes et 6 millions de téléspectateurs ! C'est l'une des séries les plus regardées par les jeunes de 15 à 24 ans.

***Les Années Rebelles* raconte la vie quotidienne des habitants d'un quartier de Toulouse, avec des histoires d'amitié, d'amour, des joies, des drames, des secrets ou des problèmes. Des thèmes graves sont parfois traités : le divorce, l'avortement, le handicap, l'homosexualité, la mort …**

Il existe un grand nombre de sites, de forums et de blogs où les fans de la série peuvent se retrouver pour échanger des informations, leurs impressions, revoir des épisodes ou rencontrer les acteurs. La chaîne de télévision a aussi créé son propre site et un journal exclusivement consacré à la série.

Dans la série, Juliette Gildo est Béa Taulin, une jeune Bruxelloise de 19 ans, un peu rebelle et qui ne supporte pas l'injustice et le mensonge. Elle veut devenir reporter. Quand ses parents se séparent, sa mère part en Asie et Béa doit quitter Bruxelles pour s'installer à Toulouse avec son père. À Toulouse, elle rencontre Maxime, étudiant en médecine… et grand séducteur !

Juliette Gildo

Anniversaire : 12 février
Lieu de naissance : Bruxelles, Belgique
Tu es de quel signe ? Verseau
Tu mesures combien ? 1,67 m
Tes passe-temps favoris ? La danse, la guitare, la peinture
Quel est ton livre préféré : *Jonathan Livingston le goéland*
Quelle est ta chanson préférée ? *Quelqu'un m'a dit* de Carla Bruni
Un programme télé : je ne regarde jamais la télé.
Un film : *Manuale d'Amore* de Giovanni Veronesi
Un lieu : mon hamac
Un plat : le riz au curry
Un sport : le tennis
Une de tes qualités : la sincérité
Un défaut : l'impatience de la jeunesse
Un autre métier que tu aimerais exercer : aucun, c'est le plus beau du monde !
Une qualité que tu apprécies chez tes amis : l'humour
Tu as un grand rêve ? l'amour éternel !
Tu as une devise ? « *Rien ne sert de courir !* »
Un conseil pour devenir comédienne : c'est un métier difficile mais il faut croire en soi car tout est possible si on s'en donne les moyens.

Dans *Les Années Rebelles,* Laurent Chédru est Alexi Bareto, le serveur du bar *La Chope*, le rendez-vous des gens du quartier. Il a 23 ans, il est spontané, généreux et il adore exaspérer Sophie, sa patronne. Les gens du quartier l'apprécient pour son bon sens et sa franchise. Côté cœur, il est fou amoureux de Naomi. Il pense qu'elle est la femme de sa vie jusqu'au jour où elle tente de le tuer pour mettre la main sur son héritage. Heureusement, Julien intervient…

Laurent Chédru

Anniversaire : 31 mai
Lieu de naissance : Angoulême
Signe du zodiac ? Gémeaux
Combien tu mesures ? 1,71 m
Quels sont tes passe-temps favoris ? Le sport, le théâtre et les jeux vidéos
Ton livre préféré ? *Stupeurs et tremblements* d'Amélie Nothomb
Ta chanson préférée ? *Couleur Café* de Serge Gainsbourg
Un jeu : *Mario Kart*
Un film : *Nikita* de Luc Besson
Un lieu : la mer
Un plat : un déssert, la mousse au chocolat
Un sport : le footing
Tes qualités : généreux et honnête
Un défaut : je suis très têtu !
Un autre métier que tu voudrais exercer : vétérinaire
Quelle qualité tu apprécies chez tes amis ? La franchise
Quel est ton grand rêve ? Être heureux pour toujours !
Tu as une devise ? « *Il n'y a pas de problème, seulement des solutions.* »
Qu'est-ce que tu préfères chez toi ? Mes yeux
Qu'est-ce que tu voudrais changer chez toi ? Mes oreilles

Où ? Combien ? Qui ? Quand ? Comment ? Est-ce que ?

Un peu de français familier
Ton anniversaire, **c'est quand** ?
Tu es né **où** ?

On a besoin de…

Poser des questions

On peut placer les interrogatifs **combien**, **comment** et **qui** en tête de phrase ou immédiatement après le verbe conjugué.

> **Où** tu vas ? / Tu vas **où** ?
> **Qui** tu as vu hier ? /
> Tu as vu **qui** hier ?
> **Comment** tu es venu au collège ? /
> Tu es venu **comment** au collège ?

 * *Pourquoi se place toujours en tête de phrase.*

> **Pourquoi** tu aimes cette profession ?

En tête de phrase, on utilise **qu'est-ce que** et après le verbe, **quoi** :

> **Qu'est-ce que** tu fais ? /
> Tu fais **quoi** ?

Combien de temps forme un groupe indissociable :

> **Combien de temps** dure le film ?
> Le film dure **combien de temps** ?

Les formes interrogatives **quel(s)** et **quelle(s)** + nom peuvent être placées en tête de phrase ou immédiatement après le verbe :

> **Quel film** tu as vu samedi dernier ? / Tu as vu **quel film** samedi dernier ?

 * *Si le verbe de la phrase est être, seul l'interrogatif doit être en tête de phrase.*

> **Quel est** ton prénom ?

	VENIR	VOULOIR
Je	vien**s***	veu**x***
Tu	vien**s***	veu**x***
Il/elle/on	vien**t***	veu**t***
Nous	ven**ons**	voul**ons**
Vous	ven**ez**	voul**ez**
Ils/elles	vien**nent**	veu**lent**

* *Ces personnes ont une prononciation identique. Tenir se conjugue comme venir. Pouvoir et boire comme vouloir. (Voir Précis grammatical)*

1   3. Fini la télé, vive Internet !

3   Notre série préférée

A. Quelles sont les séries les plus populaires dans votre pays ? Faites un sondage pour connaître les préférences des élèves de la classe.

B. Formez des groupes en fonction de votre série préférée. Faites ensemble une liste des « ingrédients » qui font une bonne série.

Pour nous, une bonne série doit avoir...

C. Et toi, quelle est ta série préférée ? Prépare un petit texte pour la présenter.

Ma série préférée, c'est...
Les personnages principaux sont...
Mon personnage préféré est...   parce que...
L'action se déroule...
J'aime cette série parce que...

D. À quatre, préparez un projet de série et présentez-le à la classe. Imaginez les personnages, l'histoire, les lieux (hôpital....).

4 Internet, la télé et nous

Lis ces informations et, en groupe, commentez-les, puis dites comment cela se passe dans votre pays.

Les jeunes utilisent Internet pour s'informer ou pour discuter.

L'adolescent est le plus gros consommateur de télévision.

Les ados regardent la télé 10 heures par semaine en moyenne.

Les jeunes passent trop leur temps à surfer sur Internet et ne font pas assez de sport.

À la télé, il y a beaucoup de séries.

Quand on sort, on va au cinéma.

Il y a trop de violence à la télé.

La plupart des jeunes entre 12 et 17 ans utilisent leur ordinateur pour se distraire.

- Moi, je crois que 10 heures par semaine, ce n'est pas beaucoup.
- Moi non plus. Chez moi je la regarde plus.
- Alors peut-être que les ados français regardent la télé plus de 10 heures par semaine ?
- Ici, nous...

5 Poser une question

Piste 2

Écoute et indique dans le tableau quelles sont les phrases interrogatives.

0	1	2	3	4	5	6	7	8	9
x									

Des sons et des lettres

[ç] [ɲ]
[u]
[β]
[χ]
[ɳ]

On a besoin de...

Parler des genres

Le Destin de Lisa est **une série** pour ados**.**

Questions pour un champion est **un jeu télévisé** très populaire.

KD2A est **une émission** pour jeunes.

Les Experts est **une série policière**.

Shrek est **un film d'animation**.

Donner son avis sur un film, un jeu, un site...

☺

Pirates des Caraïbes est **un bon film**.

Dans *Micro Jeunes*, il y a beaucoup d'interviews **très intéressantes**.

Cette chanson est **excellente**.

Les acteurs | sont **très bons**.
 | **jouent bien**.

☹

Je n'ai **pas du tout** aimé ce jeu.

Ce jeu est **nul**.

Cette série est **nulle**.

Les acteurs | **jouent très mal**.
 | **sont mauvais**.

😐

Ce site est pas mal.

Ouais, ça peut aller.

Bof !

Vous avez vu ce film ?

Qu'est-ce qu'il est nul !

Pas du tout, il est vachement bien !

Oh, c'est pas mal !

Ouais bof !

6   www.bougetonquartier.com

A. De jeunes Lyonnais ont formé une association dans leur quartier : *Bouge Ton Quartier !* Voici quelques pages de leur site sur Internet.

Lis les différentes rubriques et note les informations qui te semblent les plus importantes. Ensuite, compare tes notes avec celles de ton voisin.

☑ Comment est-né *Bouge Ton Quartier* ?

Nous habitons tous dans le quartier. Il n'y a pas beaucoup d'activités pour les jeunes ici, alors, un jour, nous avons décidé de créer une association. Nous avons cherché un local et nous avons commencé à organiser des activités pour le week-end et les vacances scolaires. Ça a très bien marché et nous avons décidé de continuer. Maintenant, nous proposons beaucoup plus d'activités : des sports, des jeux, du théâtre, de l'aide aux devoirs…

BOUGE TON QUARTIER

- 🔊 **Bouge Ton Quartier !**
- 〰 **Loisirs et animation dans notre quartier**
- ⓘ **L'association**
- 🗣 **Tu veux devenir membre ?**
- 👁 **Activités pour tous**
- ✉ **Contactez-nous**
- 🗔 **Photos**

- ☑ **Comment est-né *Bouge Ton Quartier* ?**
- ☑ **Qui sommes-nous ?**
- ☑ **Notre quartier**

☑ Qui sommes-nous ?

Nous sommes toujours 4 au minimum, les « fondateurs » du groupe : Alice, Sonia, Thomas et Alexei. Et des amis viennent souvent nous aider.

Thomas   Sonia   Alice   Alexei

Je m'appelle Thomas, j'ai 17 ans et j'habite à la Croix-Rousse à Lyon avec mes parents. J'ai une sœur, Alice, elle a 14 ans et elle fait aussi partie de l'association. Elle, elle est au collège et moi, je suis en 1re au lycée, à Lyon aussi.

Ce que j'aime le plus, c'est l'astronomie, sortir avec mes amis et le foot. Et aussi m'occuper de l'association.

Ce que j'aime le moins, c'est ranger mes affaires, je suis assez désordonné !

Pendant mon temps libre, je passe beaucoup de temps à l'association et à observer les étoiles.
Mon rêve : découvrir une nouvelle étoile !
Mon caractère : je suis assez calme en général mais dynamique aussi et je suis très patient.

☑ Notre quartier : les pentes de la Croix-Rousse

Les pentes de la Croix-Rousse est l'un des plus vieux quartiers de Lyon, classé au patrimoine mondial de l'Unesco en 1999.

C'est très touristique car c'est très agréable de s'y promener : il y a de vieux immeubles avec de grandes fenêtres, les rues sont étroites et il y a aussi beaucoup d'escaliers en pierre.

C'est aussi très populaire : les habitants du quartier jouent aux boules sur les places et les terrasses de bar sont très accueillantes.

Le quartier de la Croix-Rousse

À voir (si vous passez par ici) :

- le **marché de la Croix-Rousse**. Coloré et très vivant, il se trouve sur le boulevard de la Croix-Rousse et il est ouvert tous les jours de la semaine ;
- les **traboules** : il existe de nombreux circuits pour découvrir ces passages. Ils permettent de descendre de la colline en ligne droite. Et pour monter sans se fatiguer, on peut prendre le **funiculaire de la ficelle**, le premier du monde, construit en 1862 ;

Le funiculaire de la Ficelle

- l'**amphithéâtre des Trois Gaules** est le plus ancien des amphithéâtres gallo-romains (construit vers 19 ap. J.C.) ;
- la **maison des Canuts** est le musée des tisseurs. On peut voir des métiers à tisser des XVIIIe et XIXe siècles ;
- la **montée de la Grande-Côte** avec ses maisons médiévales ;
- la **vogue aux marrons** : d'octobre à mi-novembre, sur la grande place de la Croix-Rousse, il y a une fête foraine avec des marrons chauds, de la barbe à papa, des manèges…

Nous, nous ne faisons pas de tourisme dans notre quartier, mais nous l'aimons bien, même s'il n'est pas parfait. Voici notre point de vue.

La maison des Canuts

Fresque murale des Canuts

↑ **Les points forts**

↓ **Les points faibles**

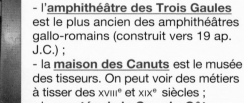

- Il y a une nouvelle piste cyclable et suffisamment de parcs à vélos.
- C'est un quartier animé et agréable.
- Nous avons une grande bibliothèque, un gymnase et un stade.
- Nous avons plusieurs jardins publics.

- Il manque une piscine.
- Il y a beaucoup de choses pour les touristes mais pas assez pour les jeunes.
- On ne circule pas bien en voiture et il n'y a pas assez de stations de métro.
- Ce n'est pas toujours très propre.
- Il y a de nombreux commerces mais peu d'activités culturelles.

On a besoin de...

Il y a / Il n'y a pas / Il manque

Il y a	**beaucoup d'**immeubles.
	assez de parcs.
	suffisamment de transports publics.
	trop de bruit.
	peu de pistes cyclables.
	plusieurs restaurants.
Il n'y a	**pas de** gymnase.
	aucun lycée.
	aucune garderie.
Il manque des espaces verts.	

Mais

Pour opposer deux idées.

Dans notre quartier, il y a des commerces **mais** il n'y a pas de cinéma.

Ce que

Ce que permet de reprendre un groupe de mots.

Ce qu'ils aiment surtout, c'est **se retrouver entre amis**.

Chatter, sortir avec les amis…, c'est **ce que** je fais après les cours.

Pistes 3-6

B. Écoute la présentation de chaque membre du groupe. Qu'apprends-tu de nouveau ?

C. Lis les informations sur le quartier de la Croix-Rousse. Écris à ton tour une petite présentation de ton quartier. Qu'est-ce que tu aimes ou n'aimes pas ? Qu'est-ce qu'il manque ?

Mystère, mystère !

— Nous sommes nées le même jour du même mois, dit Irène.
— Nous avons le même père et la même mère, dit Margot, mais nous ne sommes pas jumelles.

Tu sais pourquoi ?

Deux parents et leurs deux enfants vont pêcher. Ils attrapent trois poissons. Il y a un poisson pour chacun d'entre eux.

Tu sais pourquoi ?

Jeu de logique

Il y a un Suisse, un Québécois, un Belge et un Français.

PISTES :

Le Belge a un canari.
Le joueur de golf habite entre le Suisse et le Québécois.
La personne qui joue au rugby habite à côté de la maison rouge.
L'homme qui habite dans la maison rouge fait du ski.
L'homme qui a des chiens est français.
Le Québécois habite à côté de celui qui a des chiens.
Le Suisse habite à côté de l'homme qui a un canari.

QUESTIONS :

Qui habite dans la maison rouge ?

Qui a un lapin ?

INTERNET ET NOUVELLES TECHNOLOGIES : UN DANGER POUR LES ADOS ?

Est-ce que les jeunes d'aujourd'hui communiquent toujours ? Est-ce qu'ils sortent ? Est-ce qu'ils font du sport ?

Les inquiétudes augmentent de plus en plus

La télé est toujours un des passe-temps préférés des jeunes ; ils passent 10 heures par semaine en moyenne devant le petit écran. Les nouvelles technologies, elles, peuvent jouer un rôle de sociabilisation important, mais peuvent aussi représeneter un danger pour celui qui passe trop de temps devant son écran, hors de toute réalité. La « cyberdépendance » guette ceux qui ne lâchent plus leur écran.

Les jeux vidéos

Environ 70% des adolescents y jouent quotidiennement. Le jeu est plutôt individuel, mais ils en parlent beaucoup entre copains pour échanger des impressions, des trucs et des conseils. Celui qui n'y connaît rien est vite isolé.

Internet, la principale préoccupation des parents

Les jeunes l'utilisent principalement pour la recherche d'informations (en général pour les études) ou pour les sites de discussion. Les 12-17 ans l'utilisent aussi beaucoup pour communiquer avec la famille, les amis, ou pour faire de nouvelles rencontres. Souvent, des adolescents du même quartier se « rencontrent » dans un *chat* avant de se connaître dans la vie réelle. Internet permet donc de faire un premier pas dans l'anonymat.

Ces informations sont rassurantes, mais il faut quand même rester prudent car finalement, entre télévision, jeux vidéo et Internet, les jeunes passent beaucoup de temps devant un écran.

EN FRANCE

69% des adolescents ont un ordinateur à la maison et 40% ont accès à Internet.

80% des adolescents utilisent l'ordinateur pour leurs études.

90% des 12-17 ans utilisent l'ordinateur pour jouer à des jeux.

Les enfants passent en moyenne 2 heures par jour à regarder la télé.

90% des Français ont la télévision : 60% ont un poste, 30% en ont deux.

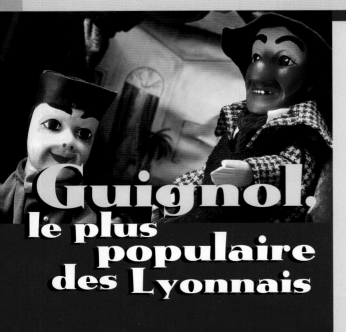

Guignol, le plus populaire des Lyonnais

Guignol est né à Lyon vers 1808. Son « père », Laurent Mourguet (1769-1844), était un canut sans travail. Pour nourrir sa famille, il a d'abord été arracheur de dents (dentiste) et un jour, il a eu l'idée d'utiliser des marionnettes pour attirer et faire rire ses clients. C'est comme ça qu'il est devenu marionnettiste professionnel !

Avec Guignol, le succès est immédiat. À l'origine, les spectacles et les marionnettes sont créés pour un public d'adultes. Guignol aime boire, bien manger et surtout il aime donner des coups de bâtons sur tout ce qui représente le pouvoir. Ses histoires font oublier tous les malheurs. En 200 ans, il a beaucoup évolué et a vécu beaucoup d'aventures. Aujourd'hui, il fait toujours le plaisir des grands et des petits !

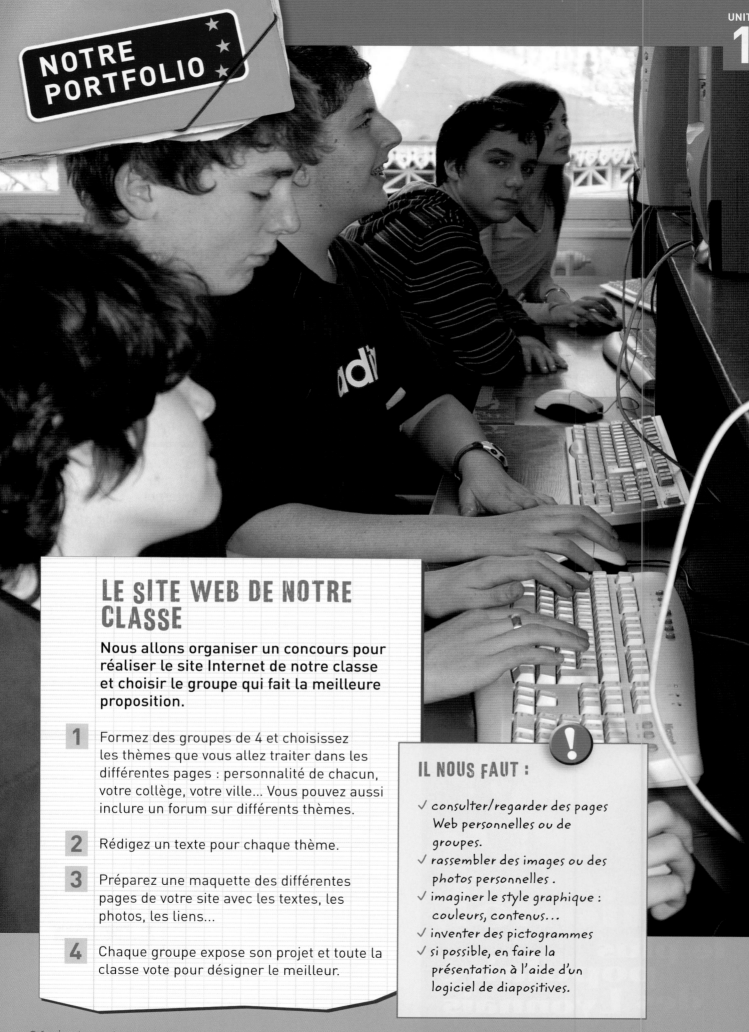

NOTRE PORTFOLIO

LE SITE WEB DE NOTRE CLASSE

Nous allons organiser un concours pour réaliser le site Internet de notre classe et choisir le groupe qui fait la meilleure proposition.

1 Formez des groupes de 4 et choisissez les thèmes que vous allez traiter dans les différentes pages : personnalité de chacun, votre collège, votre ville... Vous pouvez aussi inclure un forum sur différents thèmes.

2 Rédigez un texte pour chaque thème.

3 Préparez une maquette des différentes pages de votre site avec les textes, les photos, les liens...

4 Chaque groupe expose son projet et toute la classe vote pour désigner le meilleur.

IL NOUS FAUT :

✓ consulter/regarder des pages Web personnelles ou de groupes.
✓ rassembler des images ou des photos personnelles .
✓ imaginer le style graphique : couleurs, contenus...
✓ inventer des pictogrammes
✓ si possible, en faire la présentation à l'aide d'un logiciel de diapositives.

UNITÉ
2
Qui et quand ?

NOTRE PORTFOLIO ★★★

Dans cette unité, nous allons...

préparer un concours sur des personnages célèbres.

Pour cela, nous allons apprendre :

- à comprendre et à rédiger des données biographiques
- à raconter des faits de notre vie
- à donner une opinion sur une expérience passée

Et nous allons utiliser :

- le passé composé
- le lexique des professions
- les indicateurs de temps : **à 13 ans, en 1980, au XXᵉ siècle**...
- les adverbes : **déjà, encore, jamais**
- le pronom **y**

1 **Tu les connais ?**

A. Lis les textes. À deux, associez chaque image à deux informations.

- Il est né en France en 1848.
- ○ Je pense que c'est Molière.
- Non, je pense que c'est Gauguin.

Marcel Marceau

3. Né à Lyon en 1900, cet écrivain est monté pour la première fois en avion à l'âge de 12 ans. Il a passé une grande partie de sa vie à piloter des avions. C'était un grand aventurier.

B. Il a fait partie des meilleurs joueurs de football du monde, comme Pelé ou Maradona. Quand il a arrêté de jouer, il s'est investi dans la lutte contre la pauvreté et la malnutrition. Il continue dans le monde du football en entraînant des enfants.

Vanessa Paradis

I. Maintenant, c'est un comédien très connu en France. Il a joué aussi dans des films comme *Le Fabuleux Destin d'Amélie Poulain* ou *Astérix et Cléopâtre* ; il a aussi joué dans *Indigènes*, un drame sur la Deuxième Guerre mondiale.

7. Elle est née en 1972 près de Paris. À 7 ans, elle a participé à une émission de télé pour enfants et à 15 ans elle est devenue une chanteuse célèbre avec sa chanson *Joe le taxi*.

C. Elle est aussi actrice : elle a gagné un prix à Cannes à 17 ans. Elle a interprété différents rôles avec Gérard Depardieu, Jean Réno, etc. Puis elle a rencontré Johnny Depp avec qui elle a eu deux enfants.

Zinédine Zidane

4. Il est né en Belgique en 1929 où il a commencé à composer et à chanter, mais c'est à Paris qu'il est devenu un grand chanteur.

5. Né près de Marseille en 1972, il est devenu footballeur professionnel à 17 ans. Puis, il a joué dans plusieurs clubs ; finalement, il a terminé sa carrière de footballeur au Real Madrid.

A. *Le Malade imaginaire* ou *L'avare* sont des classiques de la littérature française. Il a joué dans la cour du roi Louis XIV. Il est mort à Paris en 1673.

Paul Gauguin

6. Il est né en 1975 dans une famille d'origine marocaine. Au collège, il a commencé à faire du théâtre. Puis, il a gagné des concours d'improvisation.

D. Puis il a arrêté les concerts et il s'est installé dans une île de Polynésie où il a vécu jusqu'à sa mort en 1978.

Antoine de Saint-Exupéry

9. Né en 1967 en Suisse, ce dessinateur a choisi son pseudonyme d'artiste en référence au groupe Led Zeppelin. Avant d'être connu en France, il a écrit différentes histoires dans des journaux suisses.

H. Puis, il est parti vivre en Polynésie française où il a peint de nombreux tableaux. À la fin de sa vie, il a lutté pour les droits des indigènes. Il est mort en 1903.

G. Plus tard, il a inventé le personnage Bip, et il a fait des tournées dans le monde entier. Il a connu un immense succès et il a créé l'École internationale du mime à Paris en 1978. Ce génie du mime est mort en 2007.

8. Né en 1923, il a développé depuis son enfance une grande habilité à imiter et à mimer. Il a décidé de vivre du mime quand il a découvert le cinéma muet et l'acteur Charlie Chaplin.

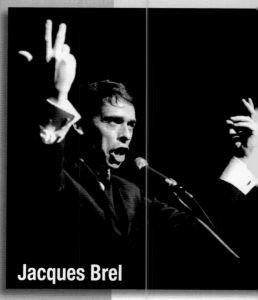

Jacques Brel

Jamel Debouzze

F. Pendant ses nombreux voyages, il a écrit des articles et des livres comme *Le Petit Prince*. Ce conte l'a rendu célèbre dans le monde entier. Son avion a été abattu en 1944, près de Marseille.

2. C'est un des plus célèbres dramaturges français. Il a écrit de nombreuses pièces de théâtre pour faire rire le public, mais aussi pour critiquer la société de son époque.

1. Il est né en France en 1848, mais il a passé son enfance au Pérou. Il a consacré sa vie à la peinture. Il a habité pendant quelque temps avec Van Gogh, un autre grand peintre de l'époque.

Zep

E. En 1992, il est devenu célèbre grâce à son personnage de BD *Titeuf*, un enfant qui, avec ses copains, traitent l'actualité avec humour. Il a déjà vendu des millions d'exemplaires des aventures de Titeuf.

Molière

Piste 7

B. Écoute cette émission de radio et vérifie tes réponses. Qui a gagné ?

C. Relis les textes et complète le tableau avec six verbes au passé composé avec *avoir* et quatre verbes avec *être*.

Verbes avec AVOIR		Verbes avec ÊTRE	
infinitif	passé composé	infinitif	passé composé
écrire	il a écrit	partir	il est parti
...	...	...	...

D. Observe le tableau. Quels types de verbes se conjuguent avec *avoir* et quels sont ceux qui se construisent avec *être* ?

E. Écris quelques phrases sur la vie d'un personnage célèbre sans indiquer son nom. Lis ton texte au reste de la classe qui va essayer de deviner de qui tu parles.

POUR T'AIDER

- Il/elle est né(e) ...
- C'est un(e) grand(e) ...
- Il/elle a fait ...
- Il/elle est mort(e) ...
- Quand il/elle a gagné ...
- Il/elle est parti(e) ...
- Son premier film/livre a été...

On a besoin de...

Le passé composé avec *avoir*

J'	**ai**	chant**é**
Tu	**as**	pein**t**
Il/elle/on	**a**	écri**t**
Nous	**avons**	découv**ert**
Vous	**avez**	véc**u**
Ils/elles	**ont**	v**u**

Saint-Exupéry **a fait** des milliers de kilomètres en avion.

Le passé composé avec *être*

Je	**suis**	part**i**/part**ie**
Tu	**es**	all**é**/all**ée**
Il/elle/on	**est**	n**é**/n**ée**
Nous	**sommes**	arriv**és**/arriv**ées**
Vous	**êtes**	ven**us**/ven**ues**
Ils/elles	**sont**	rest**és**/rest**ées**

Les professions

masculin	féminin
avocat, infirm**ier**	avocat**e**, infirm**ière**
informatic**ien**	informatic**ienne**
act**eur**, traduct**eur**	act**rice**, traduct**rice**
coiff**eur**	coiff**euse**

 Masculin et féminin ont parfois la même forme :
un/une *journaliste,* **un/une** *architecte...*

Raconter les étapes d'une vie

Vanessa Paradis **a commencé à** chanter très jeune.

Puis, elle **a continué** sa carrière dans le cinéma.

Et après quelques films, elle **a arrêté de** travailler pour s'occuper de ses enfants.

Indiquer une date, une époque ou une période

Brel est né **le 14 août 1929**.
Pendant son enfance, il a fait du théâtre.
En 1959, il a écrit la chanson *Ne me quitte pas*.
Au XXIᵉ s., c'est un mythe de la chanson française.

2 Paris la nuit

A. Les tableaux évoquent souvent des histoires et éveillent des sentiments. Regarde ce tableau et dis à quoi il te fait penser. Tu peux t'aider de cette liste d'adjectifs ou consulter le dictionnaire pour exprimer d'autres sensations.

| triste | gai | calme | désordonné |
| romantique | émouvant | choquant | moderne |

● *Pour moi, c'est un tableau gai et moderne.*

B. À deux, trouvez deux ou trois détails qui montrent que ce tableau a été peint à la fin du XIXᵉ siècle.

C. Lis la biographie de Toulouse-Lautrec puis, à deux, dites quelles informations vous avez retenues ? Reconstituez l'ensemble du texte avec le reste de la classe.

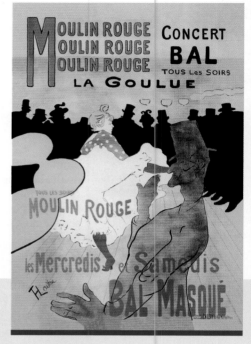

HENRI DE TOULOUSE-LAUTREC

Biographie de l'artiste

Henri de Toulouse-Lautrec est né en 1864 dans une grande famille aristocratique française. La peinture a toujours été très présente dans sa famille. À 18 ans, il s'est inscrit à un cours de dessin ; puis il a commencé à se consacrer à la peinture.
À partir de l'âge de 20 ans, Toulouse-Lautrec a voulu connaître Paris la nuit : les cabarets, les salles de fêtes et les femmes du monde de la nuit. Les danseuses et le monde du spectacle l'ont vite fasciné.
Très tôt, il a peint sa première affiche qui l'a rendu célèbre : **Moulin-Rouge** où l'on voit une femme, appelée « **la Goulue** », en train de danser le french cancan.
Tout au long de sa carrière, il a peint des tableaux, des affiches, des décors... et il a illustré des revues et des livres.

Toulouse-Lautrec est mort en 1901 à l'âge de 37 ans. Ce peintre plein d'humanité a marqué toute une époque de la vie parisienne.

LE MOULIN ROUGE

Cette affiche immortalise une vedette de music-hall. Cette belle danseuse, Louise Weber, appelée « **la Goulue** », est un des modèles préférés du peintre. Elle est devenue célèbre grâce à sa manière différente, provocatrice et populaire de danser, qui plaisait aux hommes. Elle a été la danseuse vedette du Moulin Rouge.

● *Il est né dans une famille très riche.*

D. Quelle est la suite de la vie de la Goulue ? À deux, choisissez l'explication qui vous semble la plus probable.

LA GOULUE [1]

■ **La Goulue** est partie en Angleterre pour danser dans une autre compagnie. Elle a rendu le french cancan célèbre dans le monde entier. À 25 ans, riche et n'ayant pas oublié l'homme qui l'avait peinte sur cette célèbre affiche, elle a accepté d'épouser Toulouse-Lautrec. Après sa carrière de danseuse de cabaret, elle s'est mise à peindre. Ses tableaux sont actuellement au musée du Louvre.

LA GOULUE [2]

■ Devenue riche et célèbre, **la Goulue** a décidé de partir du Moulin Rouge pour travailler dans une fête foraine. Encore jeune et agile, elle a épousé un magicien et a ensuite appris à dompter des lions dans un cirque. Mais le succès n'est pas venu. Bien après ses années de célébrité, elle est tombée malade et a physiquement beaucoup changé. Pauvre, elle est allée vendre des cacahuètes et des allumettes devant le Moulin Rouge, où personne ne l'a reconnue. Elle est morte dans la misère, et seule, dans sa roulotte.

 E. Écoutez et vérifiez la réponse.

Piste 8

3 Oh là là ! Quels souvenirs !

A. À deux, associez ces photos aux phrases suivantes.

a) À 30 ans, visite de Carthage (Tunisie).
b) À 36 ans, le jour de son mariage.
c) À 5 ans, en maternelle.
d) À 2 ans, au zoo.
e) À 8 ans, à la kermesse de l'école.
f) À 18 ans, avec des amis à Utrecht (Pays-Bas).

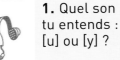
B. Écoutez et vérifiez vos réponses.

Pistes 9-14

Je crois que la phrase « d » correspond à la première photo.

C. Écris un petit texte sur ta vie avec deux informations fausses, puis lis-le à tes camarades qui doivent trouver ce qui n'est pas vrai.

Je suis né(e) à...	Après l'école, je...	J'ai habité à...
L'année dernière,...	Avant de partir à...	J'ai arrêté de...
J'ai commencé à...	Pendant mes vacances...	À 12 ans,...

On a besoin de...

Indicateurs de temps

Pendant mon enfance, j'ai habité au Sénégal.

À 20 ans, je suis parti à Paris.

À partir de cette époque, j'ai étudié l'espagnol.

Entre 1990 **et** 1995, j'ai voyagé en Amérique latine.

Jusqu'en 2002, j'ai travaillé comme photographe.

Avant + nom

Avant mon mariage, j'ai beaucoup voyagé.

Avant de + verbe

Avant de me marier, j'ai construit une petite maison.

Après + nom

Après notre mariage, on est parti vivre en Bretagne.

Ordonner dans le temps

Au début de ma vie, **D'abord,**	j'ai habité à Paris.
Et, **(Et) puis,** **(Et) ensuite,**	je suis parti(e) à New York.

À la fin de ma carrière, j'ai obtenu un poste à Paris.

Finalement, je me suis installé(e) à la campagne.

4 Phonétique [i], [y] et [u]

1. Quel son tu entends : [u] ou [y] ?

Piste 15

	0	1	2	3	4	5
[u]						
[y]	X					

2. Quel premier son tu entends : [i], [y] ou [u] ?

Piste 16

	1	2	3	4	5
[i]	---				---
[y]					
[u]	---				---

Des **sons** et des **lettres**

5 Voyage d'un globe-trotteur

A. Martin visite des pays pour le guide touristique *L'aventure, pourquoi pas ?* Lis son carnet de voyage. À deux, associez chaque paragraphe à une photo.

B. Raconte une bonne et une mauvaise expérience vécues par Martin pendant son voyage.

C. Parmi ces activités de voyage, lesquelles tu aimerais faire ? Pourquoi ?

• *Moi, j'aimerais faire l'expédition en kayac parce que...*

Blog de Martin

1 Première semaine au Sénégal : changement total. Dakar est une grande ville pleine de vie. Mon ami Moussa m'a invité dans sa famille. On a commencé par visiter la capitale, ses grands marchés et des sites culturels...

2 Le lendemain, direction le parc national de Niokolo-Koba. Là-bas, j'ai vu des lions, des singes, des crocodiles... Le soir, nous sommes arrivés dans un village typique de la région où nous avons partagé un magnifique repas avec les amis de Moussa.

3 Après ces deux jours en pleine nature, nous sommes allés sur la côte où j'ai vécu ma première expérience de plongée sous-marine. Génial ! Il y a tellement de poissons différents ! Les dauphins sont venus nous voir et j'ai même aperçu une baleine.

4 Le week-end, nous avons loué un canoë-kayac pour aller visiter un village isolé avec Abdou, un guide professionnel. Il m'a aidé quand mon sac à dos est tombé dans le fleuve ! Ouf ! J'ai récupéré mon appareil-photo en bon état. Au pied d'un énorme baobab, nous avons assisté à un conseil de village : tout le monde se réunit et discute des problèmes de fonctionnement du village. C'est très intéressant !

Prochaines nouvelles à notre retour à Dakar.

6 Mes expériences

A. Écoute ces conversations. L'intonation exprime une opinion positive ou négative ? Complète le tableau avec le numéro de chaque conversation.

Pistes 17-21

B. Réécoute ces dialogues. De quoi parlent-ils ?

• *Dans la première conversation, on parle d'un voyage.*

C. Lis les conversations (voir Transcription des enregistrements, Unité 2) et dis quels éléments indiquent que l'opinion est positive ou négative.

D. À ton tour, exprime ton opinion sur trois thèmes : un sport, un film, une émission de télé, tes dernières vacances...

• *J'ai vu le film Le retour de Mourne.*
○ *Et alors, tu as aimé ?*
• *Oui ! C'est trop bien ! Il y a de l'action, des effets spéciaux... J'ai trouvé l'histoire vachement originale !*

Opinion positive	Opinion négative
0	...
...	...
...	...
...	...
...	...

Un peu de français familier

C'est trop bon !
C'est trop nul !
C'est vachement original !

7 Tu as déjà fait ça ?

A. Es-tu déjà allé(e)...?

> Oui, je suis **déjà** allé(e)...

en France   **sur une île**

en Amérique   **dans un désert**

dans la jungle

à la capitale de ton pays

> Non, je **ne** suis **jamais** allé(e)...

- Est-ce que tu es déjà allé sur une île ?
- ○ Oui, j'y suis allé une fois, à Majorque. Et toi ?
- Moi, non. Je n'y suis jamais allé.

B. À trois, posez-vous ces questions. Qui a le plus voyagé ?

	en France	sur une île	dans un désert	en Amérique	dans la jungle	à la capitale de mon pays
Moi		X			X	X
Copain 1						
Copain 2						

- L'élève qui a le plus voyagé, c'est...

C. À ton tour, écris trois destinations que tu connais et trois autres que tu ne connais pas encore.

- Je suis déjà allé à/en ... / Je ne suis jamais allé à/en...

D. Demande à ton voisin de te raconter trois souvenirs. Pose-lui des questions qui vont t'aider à compléter ce tableau.

	Il est allé où ?	Quand ça ?	Il a aimé ? Et pourquoi ?
1	...	...	...
2	...	...	...
3	...	...	...

- Tu es allé(é) où ?
- ○ À Biarritz, au Pays Basque.
- Quand ça ?
- ○ En juillet, avec mes parents.
- Et tu as aimé ?
- ■ Oui, j'ai adoré ! On a fait du camping !

On a besoin de...

Déjà / pas encore / ne jamais

- Marie, tu es **déjà** allée à un concert de Diam's ?
- ○ Oui, j'y suis allée l'année dernière.

- Tu es **déjà** allé en Asie ?
- ○ Non, je **n'**y suis **pas encore** allé. *(= mais je pense aller en Asie un jour)*

- Maman, tu es **déjà** allée à Paris ?
- ○ Non, je **n'**y suis **jamais** allée.

 On peut aussi dire :

- Vincent, tu es déjà allé en Italie ?
- ○ Oui, deux fois.
- ○ Non, pas encore.
- ○ Non, jamais.

Faire référence à un lieu

- Tu vas **à l'aéroport** ?
- ○ Oui, j'**y** vais en taxi.

- Martin, tu habites **en Afrique** ?
- ○ Non, mais j'**y** vais souvent pour mon travail.

Parler d'expériences passées

Ça m'a semblé J'ai trouvé ça	génial + ☺ très bien + ☺ pas mal + 😐 nul + ☹

J'ai adoré...

J'ai beaucoup aimé...
J'ai bien aimé...

Je n'ai pas du tout aimé...
J'ai détesté...

... ce voyage.

QUARTIER libRE

La revue des jeunes qui apprennent le français. N° 2

La légende de DAME CARCAS

Avez-vous entendu parler de la Cité de Carcassonne, dans le sud de la France ? Eh bien, voici l'origine possible du nom donné à cette ville.

Au VIIIe siècle, une dame sarrasine, Dame Carcas, a défendu pendant cinq ans son château assiégé par Charlemagne. La faim et le temps lui ont fait perdre tous ses soldats.

Intelligente, elle décide de construire des hommes de paille, les poste sur la muraille armés de leurs arcs et arbalètes.

Sans réserve de nourriture, à la limite de la résistance, elle lance le dernier gros cochon par dessus les murailles, pour faire croire aux ennemis qu'ils pouvaient encore attendre très longtemps . Charlemagne et ses soldats voyant cela décident d'abandonner.

Dame Carcas observe la manœuvre et fait sonner les cloches pour rappeler Charlemagne. Un fidèle serviteur lui dit : « Sire, Dame Carcas sonne ! ». La paix est signée, la ville est libérée et a gagné le nom de CARCASSSONNE.

Qui est qui ?

A Grand dessinateur des aventures de Tintin et Milou. Il est né en Belgique en 1907.

B Célèbre sculpteur né en 1840, il est l'auteur de grandes œuvres à Paris où il a son propre musée. *Le penseur* est une de ses sculptures les plus connues.

2

Hergé

C Chanteur français d'origine espagnole, il se fait connaître pour ses chansons de rock alternatif, aux paroles engagées et aux rythmes latino. Il dénonce l'injustice, la pauvreté et défend la liberté des peuples.

3

Rodin

D Née en 1914, cette institutrice est une des figures de la Résistance, aux côtés de son mari pendant la Deuxième Guerre mondiale. Elle a participé aux mouvements de libération de la France. Puis, elle a fait toute sa carrière dans l'enseignement. Elle a toujours insisté, auprès des jeunes générations, sur l'importance de leur implication politique et citoyenne.

4

Manu Chao

1

Lucie Aubrac

Solutions : A2; B3; C4; D1.

DRÔLES DE BRUITS

Piste 22

HIN HAN · COT COT COT · COCORICO · TUTUT · CUI CUI · COUCOU

MATÉO ET ÉMILIE

Piste 23

LA CHASSE AU TRÉSOR

WEEK-END FÊTE DU QUARTIER :
« CHASSE AU TRÉSOR »
ORGANISÉE PAR
L'ASSOCIATON DE QUARTIER

APRÈS LE PONT, TOURNEZ À GAUCHE, L'ANCÊTRE D'INTERNET VA VOUS DONNER LE PROCHAIN INDICE.

EH, REGARDEZ, C'EST LA POSTE !

LA POSTE

HEURES D'OUVERTURE : DU LUNDI AU VENDREDI 8 H - 18 H SAMEDI

VENEZ NOUS VOIR !

AU CARREFOUR, UN ANGE VOUS INDIQUE LE CHEMIN À SUIVRE.

C'EST PAR LÀ... REGARDEZ LA FONTAINE DEVANT NOUS !

TU AS RAISON. ALLONS-Y !

ZOO

BRAVO, VOUS AVEZ GAGNÉ ! BONNE VISITE DU ZOO !

REGARDEZ, C'EST LÀ !

VITE, VITE, ON EST LES PREMIERS !

OH NON !!! C'EST PAS VRAI !

NOTRE PORTFOLIO

QUIZZ POURSUITE !!!

Nous allons organiser un concours de connaissance sur des personnages célèbres.

1 Par groupes de trois, écrivez douze questions en rapport avec les informations données dans cette unité sur les personnages célèbres.

2 Donnez, pour chaque question, trois réponses possibles : deux fausses et une vraie.

3 Avec l'aide du professeur qui vérifie les questions posées, rassemblez toutes les fiches dans une boîte.

> **IL NOUS FAUT :**
>
> ✓ des fiches
> ✓ une boîte
> ✓ notre livre
> ✓ des images ou photos pour illustrer les questions

4 Chaque groupe choisit le nom d'un territoire francophone (Suisse, Belgique, Québec..) et s'inscrit avec ce nom au tableau pour comptabiliser les points.

Règles du concours

- À tour de rôle, un groupe pose une question à un autre.
- Ce groupe a une minute pour réfléchir.
- S'il ne connaît pas la réponse, il annonce « On passe » et il passe son tour.
- Si la réponse donnée n'est pas correcte, on écrit « –1 » à côté du nom du groupe.
- Si la réponse est correcte, on écrit « +1 ».
- À la fin du concours, chaque groupe compte le nombre de points qu'il a gagné. Le vainqueur est le groupe qui a le plus de points.

Bonne chance !

L'écrivain française George Sand est née...
a) au XVIIIe siècle ?
b) au XIXIe siècle ?
c) au XXe siècle ?

Maintenant tu sais...

1 **Tu sais déjà faire beaucoup de choses !**

Maintenant, nous allons rappeler ce que nous avons appris dans les unités 1 et 2. Par groupe de trois, complétez les affiches ci-dessous avec d'autres phrases. Pour cela, vous pouvez utiliser de grandes feuilles de couleur pour ensuite les coller sur le mur de la classe.

Poser des questions personnelles

Quel est ton endroit préféré ?
Est-ce que tu as un gros défaut ?
Quelle musique tu écoutes ?

Parler de ce que j'ai fait pendant les vacances

Je suis partie en Italie en juillet.
J'ai visité le sud de la France et j'ai dormi dans un camping super.

Parler de ma série télé préférée

Ça passe une fois par semaine, le mardi soir.
Les acteurs jouent très bien et ça parle de choses intéressantes.

Décrire ma ville

Dans ma ville, il n'y a pas de métro.
Mon quartier est bien : il y a des magasins, une bibliothèque...

Raconter la vie d'un personnage célèbre

- Tu connais Picasso ?
- Il est né en Espagne.
- Il a vécu très longtemps à Paris.
- Il est devenu très célèbre.

Donner des informations sur ma vie

Je suis née à Carcassonne.
J'ai commencé à parler anglais à 15 ans.
Après mes études, je suis partie à Lyon.

Raconter des expériences

- Tu es déjà allé en Irlande ?
- Oui, j'y suis allé l'année dernière. Et toi ?
- Moi, non. Jamais.

Parler d'un voyage

- Alors, tu es parti en Corse ?
- Oui ! Horrible ! J'ai pris le bateau et j'ai été malade pendant tout le voyage !

Expliquer mes intentions

Je voudrais avoir de nouveaux amis.
Je vais m'inscrire au club théâtre.

Donner mon avis

Humm ! Cette quiche est délicieuse !
J'ai trouvé ce film vraiment nul !

2 Compréhension orale

Écoute l'interview de cet acteur. Note les réponses aux questions suivantes.

Piste 24

a) Où a-t-il fait ses études ?

b) Quel est son rôle préféré ?

c) Dans quel film il va jouer ?

d) Quel est son plus gros défaut ?

e) Quelle est une de ses qualités ?

3 Compréhension écrite

Regarde ces photos et lis la lettre de Maxime. Réponds aux questions suivantes.

1. Où est parti Maxime ?
2. Combien de temps passe-t-il là-bas ?
3. Quelle expérience lui a fait peur ?
4. Pourquoi il n'a pas aimé dormir dans la forêt ?
5. Quelle activité il a adoré ?
6. Qui est Caro ?

Salut Caro,

Devine où je suis ? Au paradis ! La Guadeloupe, c'est magnifique. Je suis arrivé la semaine dernière. Mes parents passent leur temps à la plage et moi, je suis avec mes copains. On fait du surf tous les jours. C'est génial !

Les vagues sont énormes. Ils m'ont dit que parfois on peut voir des requins, t'imagines ? On est parti deux jours en pleine forêt tropicale. La nuit, il y a des centaines de bruits d'animaux, d'insectes. J'ai pas trop aimé...

Et hier, j'ai même fait du saut à l'élastique. Quelle peur ! Mais j'ai sauté. Je te montrerai la photo.

Je repars pour Paris demain. J'aimerais bien rester, mais les cours commencent lundi prochain.

Bises, ma cousine préférée

Max

4 Expression orale

Présente pendant 5 min l'endroit où tu habites : ta ville, ton quartier. Raconte ce que tu peux y faire, ce qui manque. Explique ce que tu aimes dans ta ville, mais aussi ce qui ne va pas très bien.

5 Expression écrite

Rédige à l'aide de ces informations la biographie de Marie Curie.

naissance :
Pologne (1867)

études :
Paris

sa passion :
la physique, la chimie

mari :
Pierre Curie,
un scientifique
français

deux prix Nobel :
Physique et Chimie

mort :
France (1934)

Test

BILAN
Unités 1 et 2

6 Complète ces phrases avec une des trois propositions.
Ensuite, compare tes réponses avec celles de ton voisin.

1 Ma cousine Émilie ▨▨▨▨ beaucoup changé.
- **a** est
- **b** a
- **c** va

2 On a cours du lundi ▨▨▨▨ vendredi.
- **a** à
- **b** en
- **c** au

3 Cette année, ▨▨▨▨ de faire du piano.
- **a** je voudrais
- **b** je peux
- **c** j'ai envie

4 ▨▨▨▨ est ta musique préférée ?
- **a** Quelle
- **b** Quel
- **c** Qu'est-ce

5 ▨▨▨▨ tu fais pendant ton temps libre ?
- **a** Où
- **b** Qu'est-ce que
- **c** Est-ce que

6 J'habite dans un ▨▨▨▨.
- **a** ville
- **b** village
- **c** cité

7 ● Tu aimes ton quartier ?
○ Oui, mais il ▨▨▨▨ un gymnase.
- **a** manque
- **b** fait
- **c** doit

8 Dans ma ville, il y a ▨▨▨▨ de parcs.
- **a** aucun
- **b** aucune
- **c** beaucoup

9 ● Tu as vu le dernier clip de Rastamind ?
○ Quelle horreur ! La fille ▨▨▨▨ vraiment mal !
- **a** joue
- **b** est
- **c** peut

10 Ma mère ▨▨▨▨ née ▨▨▨▨ février. Et ta mère ?
- **a** a / en
- **b** est / au
- **c** est / en

11 Van Gogh a ▨▨▨▨ sa carrière de peintre en Provence.
- **a** peint
- **b** créé
- **c** continué

12 Pierre et Marie Curie ▨▨▨▨ ▨▨▨▨ dans le monde entier.
- **a** ont / connu
- **b** sont / connus
- **c** sont / connues

13 ▨▨▨▨ toute sa vie d'artiste, Marceau a fait du théâtre de mime.
- **a** Dans
- **b** À
- **c** Pendant

14 ▨▨▨▨ ses études, Michel est parti un an en Allemagne.
- **a** Après
- **b** Quand
- **c** Jusqu'en

15 Il a vécu à Paris ▨▨▨▨ 1998 ▨▨▨▨ 2005.
- **a** et / et
- **b** entre / à
- **c** entre / et

16 ● Manon, tu es ▨▨▨▨ allée skier ?
○ Non, ▨▨▨▨ Et toi ?
- **a** encore / une fois
- **b** déjà / jamais
- **c** déjà / souvent

17 Jaques Brel a commencé à chanter en Belgique ▨▨▨▨ s'installer en France.
- **a** avant de
- **b** après
- **c** quand

18 ● Tu prends le bus pour aller au collège ?
○ Non, ▨▨▨▨ en voiture avec mon père.
- **a** j'y vais
- **b** j'en viens
- **c** je vais

19 D'abord, il a joué de la guitare, ▨▨▨▨ il a appris la batterie et finalement, il a écrit ses propres chansons.
- **a** ensuite
- **b** pendant
- **c** pour

20 ● Vous avez aimé le film en cours de français ?
○ Oui, j'ai ▨▨▨▨ ça très bien.
- **a** pensé
- **b** regardé
- **c** trouvé

UNITÉ 3

Et avant, c'était comment ?

Pour cela, nous allons apprendre :

● à comparer le présent avec le passé
● à parler des changements personnels et de la société

Et nous allons utiliser :

● l'imparfait
● les expressions de temps : **maintenant, avant, quand, à ce moment- là, à cette époque, alors**
● les connecteurs : **et aussi, en plus, par contre, au contraire**
● **le même, la même, les mêmes**

3 | 1. Ces années-là...

1 Les jeunes, la mode et le reste !

A. Le look, ça change ! Découvrez à travers ces textes comment chaque époque a son style, ses vêtements, ses idées...

B. Regarde les images et lis les trois textes. Quelle est ton époque préférée et pourquoi ?

Dans les années 60 (les sixties)

C'était la mode hippie, du slogan « Peace and Love » et on adorait les surprises-parties et les chansons yé-yé. On lisait la revue *Salut les copains*.
Les garçons avaient les cheveux longs, portaient des pulls à col roulé, des blousons et des bottes en cuir.
Les filles portaient des minijupes ou des petites robes très courtes et elles adoraient les bottes.
La musique préférée des jeunes était le rock avec les Beatles ou les Rolling Stones. En France, on écoutait les chansons de Johnny Hallyday, de Sylvie Vartan, de Françoise Hardy...
Au cinéma, on allait voir *West Side Story, Bonnie and Clyde, Lawrence d'Arabie...* En France, les films comiques de Louis de Funès remplissaient les salles.
Dans les journaux, on parlait du mur de Berlin, de la guerre du Vietnam, de l'indépendance de l'Algérie, de Martin Luther King... et bien sûr, du mouvement étudiant et social de mai 68.

dans les années 70

C'était la mode des discothèques, des vidéoclips et des concerts géants. Le pantalon devenait un vêtement unisexe.
Les garçons portaient des pantalons à pattes d'éléphant, des chemises à grands cols, des vestes près du corps et les cheveux longs.
Les filles adoraient les talons, les pulls, les robes à fleurs et elles portaient de plus en plus souvent des pantalons.
La musique préférée des jeunes était le *Disco*, la musique *Punk* et le *Reggae* mais aussi le groupe Abba et Elton Jones. En France, on écoutait aussi Joe Dassin et Claude François.
Au cinéma, on allait voir des films catastrophe comme *Les Dents de la mer* ou de science fiction comme *La Guerre des étoiles*, et des comédies musicales comme *La Fièvre du samedi soir*. En France, c'était le succès phénoménal du film *Les Bronzés* !
Dans les journaux, on parlait de la crise du pétrole, des voyages spatiaux, de bébé éprouvette ou du Mouvement de libération des femmes (MLF).

Dans les années 80

C'était la mode des baladeurs et de la breakdance. En France, c'était le mouvement antiraciste « Touche pas à mon pote » et Coluche, comédien et humoriste, créait les « Restos du cœur ».
Les garçons et les filles : le blue-jean et les t-shirts étaient leurs vêtements préférés. Ils étaient fans de dessins animés.
On écoutait Madonna, Michael Jackson, Queen... En France, se déroulait le premier festival des Francofolies en 1984 et les chansons de Renaud connaissaient un grand succès.
Au cinéma, *Terminator* et *Rocky. E.T.* et *Le Père Noël est une ordure* étaient les favoris des jeunes.
Dans les journaux, on parlait des premiers ordinateurs personnels, du sida, de Lady Diana, de Greenpeace et de l'abolition de la peine de mort en France en 1981.

C. À deux, sur le modèle de ces fiches, complétez celles des années 90 et d'aujourd'hui. Pour vous aider, vous pouvez consulter une encyclopédie en ligne, un dictionnaire ou votre professeur.

Dans les années 90
C'était la mode de ...
Les garçons portaient ...
Les filles aimaient ...
Leur musique préférée était ...
Au cinéma ils allaient voir ...
Et dans les journaux, on parlait de ...

Aujourd'hui
C'est la mode de ...
Nous portons ...
Nous portons ...
Notre musique préférée est ...
Au cinéma, nous aimons ...
Et dans les journaux, nous lisons des articles sur ...

D. Observez les verbes des textes ci-contre. Ils sont employés à un nouveau temps du passé : l'imparfait. À votre avis, à quoi sert ce temps ? À deux, faites la liste de ces verbes et indiquez leur infinitif.

était → être   adorait → adorer

E. Écoute Lucienne, une Française qui parle de sa jeunesse. À ton avis, elle parle de quelle époque ?

Piste 25

F. Elle parle de quels thèmes ?

▶ la télévision	▶ la politique	▶ le sport	▶ la chanson
▶ la mode	▶ la cuisine	▶ l'école	▶ la littérature

● *Elle parle de....*
○ *Elle parle aussi de....*

2 Quelques temps forts du passé

A. À deux, essayez de remettre ces événements dans l'ordre chronologique, du plus ancien au plus récent ?

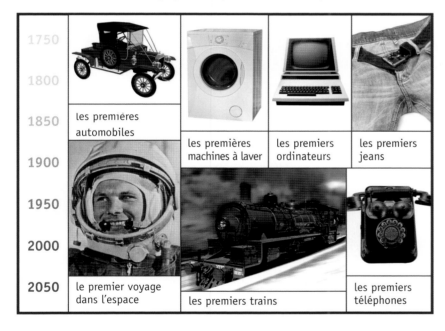

1750	
1800	
1850	les premières automobiles
1900	
1950	
2000	
2050	le premier voyage dans l'espace

les premières machines à laver • les premiers ordinateurs • les premiers jeans • les premiers trains • les premiers téléphones

● *Je crois que le téléphone est plus vieux que l'ordinateur.*
○ *Oui, mais le jean est encore plus vieux !*

B. À deux, faites une liste de trois inventions qui, à votre avis, ont changé le monde et expliquez pourquoi.

● *Pour nous, l'invention la plus importante, c'est le téléphone. Avant on ne pouvait pas parler avec les gens qui étaient loin, on devait écrire une lettre. Maintenant, on peut parler de n'importe où.*

L'imparfait

	ÊTRE	AVOIR
J'	étais	avais
Tu	étais	avais
Il/elle/on	était	avait
Nous	étions	avions
Vous	étiez	aviez
Ils/elles	étaient	avaient

	ALLER	POUVOIR
J'/je	allais	pouvais
Tu	allais	pouvais
Il/elle/on	allait	pouvait
Nous	allions	pouvions
Vous	alliez	pouviez
Ils/elles	allaient	pouvaient

L'imparfait décrit :

– une action habituelle dans une période passée ;

> Il **prenait** le bus tous les matins.

– des personnes ou des choses ;

> Ma grand-mère **était** très belle quand elle **était** jeune.
> Avant, les trains **marchaient** à la vapeur.

– une situation dans le passé, sans indication du début ou de la fin ;

> Dans les années 60, **il y avait** la télé mais **il n'y avait pas** Internet.

*Si on parle d'un événement fini, nous utilisons le **passé composé** :*

> Aujourd'hui, **j'ai rencontré** Michèle à la gare.

Comparer les époques

> **Avant,** on ne communiquait pas par SMS.
> **Maintenant, au contraire,** on envoie beaucoup de SMS.

NOS ANCÊTRES LES GAULOIS...
ou quand la France s'appelait la Gaule...

Depuis le Ve siècle av. J.-C., les Gaulois vivaient sur un territoire situé entre les Pyrénées, les Alpes et le Rhin qui correspondait à peu près à la France actuelle. C'était un peuple celte qui venait d'Europe centrale. Les Romains ont appelé ce territoire « Gallia », Gaule en français et ses habitants étaient donc les Gaulois. Les grandes villes gauloises se situaient sur une colline ou près d'une rivière. À l'intérieur, ces villes se divisaient en quartiers : le quartier commercial, le quartier religieux et le quartier politique.

La famille gauloise

La famille était organisée autour du chef de famille, mais c'était la femme qui choisissait son mari. Leurs enfants recevaient la protection des dieux à leur naissance. Les enfants ne sortaient pas du cercle familial. Les filles apprenaient à réaliser les activités domestiques (tisser, modeler les céramiques…) ; les garçons, eux, s'entraînaient à la guerre et aux travaux des champs.

Les druides et les fêtes

Les druides organisaient les célébrations religieuses pour honorer les dieux gaulois associés aux forêts et aux rivières, au ciel et à la terre. La forêt était le centre de la vie religieuse. À l'occasion du solstice d'hiver, les druides, habillés de longues robes blanches, coupaient le gui sacré. Ils avaient des pouvoirs juridiques et transmettaient les traditions.

Les Gaulois aimaient les fêtes et aussi les foires. Pendant les grands repas, ils mangeaient du sanglier et buvaient de la cervoise. Ils écoutaient des histoires, ils chantaient et organisaient des jeux, des courses de chars et des combats.

3 Nos ancêtres

A. À deux, regardez les illustrations et lisez les textes. Ensuite, associez chaque texte à une illustration.

B. Écris deux ou trois phrases pour dire ce que tu as appris sur les Gaulois.

- J'ai appris que les Gaulois aimaient beaucoup la nature.

C. Est-ce que tu sais qui étaient les habitants de ton pays à l'époque des Gaulois ? Cherche des renseignements et parles-en avec ton voisin.

On a besoin de...

Quand

Quand (= à chaque fois que) c'**était** le solstice d'hiver, les druides **organisaient** une grande fête.

Quand les Romains **ont envahi** la Gaule, les Gaulois **avaient** une économie développée.

Les connecteurs pour raconter une histoire

Les Gaulois aimaient les fêtes **et aussi** les foires.

Les Gaulois ont inventé la moissonneuse **et, en plus**, ils étaient des artisans très habiles.

Les Gaulois achetaient du vin et de l'huile, **par contre** ils vendaient des céréales et des tissus.

Par ailleurs, les Gaulois étaient d'excellents paysans.

Les activités commerciales

Avec leurs bateaux en bois, les Gaulois transportaient des marchandises sur le Rhône, la Seine et la Loire et ils circulaient avec des chariots sur les routes qu'ils construisaient.
Ils achetaient du vin, de l'huile, des poteries de luxe et des chevaux ; par contre, ils vendaient des céréales, des tonneaux en bois, des tissus et divers objets en cuir ou en verre. Les grands centres de commerce étaient Lugdunum (Lyon) et Massilia (Marseille).

L'artisanat et les travaux dans les champs

Par ailleurs, les Gaulois étaient d'excellents paysans et ils ont inventé la première moissonneuse : c'était une caisse en bois sur deux roues avec des dents de fer, tirée par un cheval ou un bœuf. En plus, c'était des artisans remarquables : ils fabriquaient des outils en fer, des poteries et des bijoux en or.

R. GOSCINNY Astérix A. UDERZO
le tour de Gaule d'Astérix

Texte de
René GOSCINNY
Dessins
d'Albert UDERZO

HACHETTE

Et les Gaulois aujourd'hui ?

Ce sont les albums d'Astérix et Obélix... bien sûr ! Ils vivent en Gaule en 50 av. J.-C. quand Jules César commence la conquête de ce territoire.

4 Le nouveau collège de Justine

A. Justine envoie un courriel à Alexia pour dire comment ça se passe dans son nouveau collège. Remplis le tableau avec ce qui a changé entre l'ancien et le nouveau collège de Justine.

L'ancien collège	Le nouveau collège
Les profs étaient sévères.	Les profs sont sympas.
......	......

De : Justine <justine@intercom.fr>
À : Alexia <alexia@intercom.fr>
Date : 16 septembre
Objet : Mon nouveau collège

Salut Alexia !

Ouais, ça y est, deux semaines déjà dans mon NOUVEAU collège ! C'est trop cool ! ☺☺ Complètement différent ! Je suis super contente. Tu sais que j'aimais pas beaucoup les profs de mon ancien collège. Ils étaient sévères et donnaient plein de devoirs ☹. Ici ils sont plutôt sympas. J'avais toujours des mauvaises notes, surtout en maths. Au contraire, maintenant, la prof de maths est très sympa. Elle explique bien en plus ! Premier contrôle : j'ai eu 12 ! La cantine par contre, c'est pas terrible ! C'est patates ou pâtes tous les jours ! (☹☹☺☹).
Autres changements ? Ouais, on a plus d'heures d'EPS : trois en tout, j'aime assez ça. Et puis, pour le lundi après-midi, j'ai choisi un cours de théâtre et le mercredi, l'atelier « mini-reporter », tu sais que j'aime bien le journalisme...
En classe, on n'est pas nombreux, 18 au lieu de 25 l'année dernière ! Pour les travaux de groupes, c'est mieux et pour se connaître aussi... J'ai déjà beaucoup de copines et de copains. Le plus beau c'est VINCENT !!!!!!!! ❤❤❤ À suivre...

Réponds-moi vite ! Bisous

Justine

B. Et toi ? Tu peux comparer ta classe actuelle avec celle de l'an dernier ?

–Tu as les mêmes professeurs ?
–Tu as les mêmes matières ?
–C'est une classe d'un niveau plus difficile ?
–Dans ta classe, il y a des nouveaux ?
–Tu as les mêmes activités extrascolaires ?
–Il y a d'autres changements / nouveautés ?

● *Non, le prof de maths a changé mais nous avons le même prof d'histoire.*
○ *L'année dernière, nous étions plus nombreux.*

C. Écoute la conversation de Justine et Alexia. Quelles sont les nouvelles informations que nous avons sur elles ?

Piste 26

5 Avant, après : quelle différence !

Piste 27

A. Observe ces dessins et écoute la conversation puis essaie de dire si les informations font référence à Marion ou à Nadia.

Marion

avant   après

Nadia

avant   après

	Marion	Nadia
Elle était classique.		X
Elle portait des pantalons.		
...		

B. Et toi, tu étais comment il y a deux ans ? Tu as beaucoup changé ?

C. Et maintenant, fais des comparaisons entre les copains et les copines de ta classe.

On a besoin de...

Parler des changements

Muriel
- **a maigri.**
- **a grossi.**
- **a grandi.**
- **s'est fait couper les cheveux.**
- **a laissé pousser ses cheveux.**
- **est très élégante.**
- **porte des lentilles de contact / des lunettes.**

Avant, elle était plus sympathique et **plus grosse.**

Avant, Marie était **plus** grosse et **moins** élégante.
Maintenant, elle est **moins** grosse et **plus** élégante.

Avant, Pierre **aimait beaucoup** la pêche.
Maintenant, il **préfère** la planche à voile.

Faire des comparaisons

Arthur et Eric sont jumeaux, ils...
- ont **la même** couleur de cheveux.
- ont **la même** taille.
- ont **les mêmes** goûts.
- ont **le même** tee-shirt.
- sont **pareils.**
- **se ressemblent** beaucoup.

---

6 Le son [ʃ]

Piste 28

A. Observe puis écoute attentivement la prononciation de ces mots. À deux, indiquez ceux qui contiennent le son [ʃ]. À quel groupe de lettres associez-vous ce son ?

○ **sale** ○ **châle** ○ **chien** ○ **sien**
○ **cesse** ○ **sèche** ○ **mange** ○ **manche**
○ **seize** ○ **chaise**

Piste 29

B. Ces mots ont été mélangés. Réécoute-les et indique l'ordre dans lequel tu les entends.

Piste 30

C. Écoute et essaie de répéter ces phrases de plus en plus vite.

S'il fait chaud, ce pacha sans chapeau achète cent mouchoirs de soie.

Charles et son chien cherchent des champignons.

Des sons et des lettres

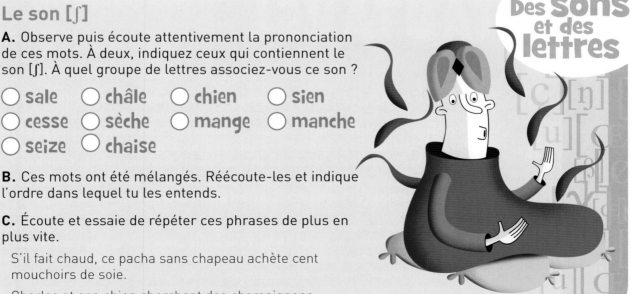

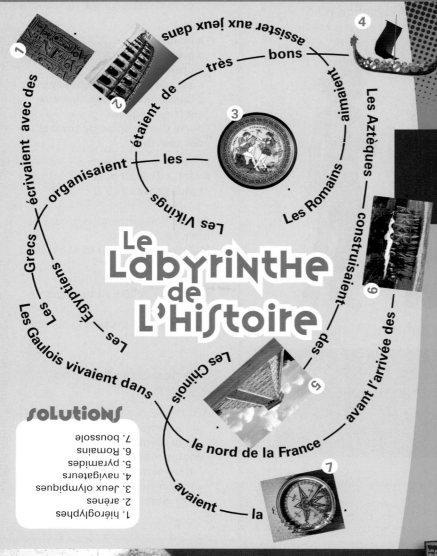

Le Labyrinthe de L'Histoire

- écrivaient avec des
- Les Grecs
- organisaient
- étaient de — les
- très — bons
- assister aux jeux dans
- aimaient
- Les Aztèques
- Les Romains
- Les Vikings
- construisaient
- des
- avant l'arrivée des
- Les Chinois
- Les Égyptiens
- Les Gaulois vivaient dans
- le nord de la France
- avaient — la

SoLUTioNS

1. hiéroglyphes
2. arènes
3. Jeux olympiques
4. navigateurs
5. pyramides
6. Romains
7. boussole

Envoie-nous une présentation d'un héros que tu aimes bien. N'oublie pas d'y joindre une illustration.

Vercingétorix (72 – 46 av. J.-C.) : un héros gaulois

Vercingétorix signifie « grand roi des guerriers ». Il est le fils de Celtillos, un puissant chef gaulois de la tribu des Arvernes. Quand Jules César décide de conquérir la Gaule en 58 av. J.-C., Vercingétorix réunit tous les autres chefs de tribus et il organise une résistance stratégique. Ses troupes brûlent les villages et détruisent les récoltes pour que les légions romaines ne trouvent plus rien à manger. En juin 52 av. J.-C., il bat Jules César à Gergovie, ce qui encourage Vercingétorix à continuer ses attaques contre les Romains. Mais, à Alésia, près d'Alise-Sainte-Reine en Bourgogne, les troupes gauloises sont enfermées dans leurs fortifications et les Romains organisent un blocus total. Vercingétorix doit se rendre en septembre 52 av. J.-C.. Il est fait prisonnier et emmené à Rome où il est tué dans sa prison en 46 av. J.-C..

TAUTAVEL
L'HOMME DE TAUTAVEL

Tautavel est un village pittoresque et tranquille, à une trentaine de kilomètres de Perpignan, en Languedoc-Roussillon. Les restes de son château médiéval dominent la vallée et au Moyen Âge, son histoire est étroitement liée aux relations entre les deux versants des Pyrénées. En 1971, Tautavel a été au centre d'une actualité qui allait changer son image. Une équipe scientifique de chercheurs a découvert des ossements humains dans la Caune de l'Arago.

Il s'agit des restes d'un Homo erectus, et en particulier d'un crâne humain daté de 450 000 ans ! D'après les spécialistes, l'homme de Tautavel était assez fort, mesurait 1,65 m environ et avait vingt ans.

Pour en savoir plus sur son environnement et son mode de vie, il faut aller au musée de la Préhistoire de Tautavel, ouvert en 1992. Vingt-deux salles présentent des reconstitutions de scènes de la préhistoire avec les hommes, les animaux et les paysages, ainsi que la reproduction grandeur nature de la Caune de l'Arago qui permet d'imaginer l'environnement de cet ancêtre venu d'Afrique. À voir aussi le mur de Moretti : une immense fresque qui évoque l'histoire du monde, celle de l'homme et de l'apparition du langage.

LES VIRELANGUES

Piste 31

Un chasseur sachant chasser sait chasser sans son chien.

Les chaussettes de l'archiduchesse sont-elles sèches ? Archi-sèches ?

Pourquoi dit-on en français soixante-dix, quatre-vingts, quatre-vingt-dix ?

Au Moyen-Âge, on comptait en France de vingt en vingt, certainement en raison de l'influence des langues celtes comme le breton ou le gaulois. On disait « deux vingts » pour 40, « trois vingts » pour 60, etc. Petit à petit, les formes vingt, quarante, etc. se sont imposées sauf pour soixante-dix, quatre-vingts et quatre-vingt-dix qui proviennent de cette ancienne façon de compter.

MATÉO ET ÉMILIE

Piste 32

C'ÉTAIT UN MAUVAIS RÊVE !

QU'EST-CE QUE C'ÉTAIT ?

CETTE NUIT, J'AI FAIT UN MAUVAIS RÊVE.

EH BIEN, C'ÉTAIT LE MOYEN ÂGE ET J'ÉTAIS LA PRINCESSE ET PUIS JE VIVAIS DANS UN GRAND CHÂTEAU

JE ME PROMENAIS DANS LES BOIS AVEC MON CHEVAL BLANC... C'ÉTAIT LE PRINTEMPS, TOUT ÉTAIT JOLI, IL Y AVAIT DES FLEURS, DES ANIMAUX...

ATTENDS UN PEU... TOUT À COUP, UNE GRENOUILLE EST APPARUE SUR MON CHEMIN !

C'ÉTAIT UNE GRENOUILLE MAGIQUE ?

BIEN SÛR ! ET C'EST LÀ QUE ÇA S'EST PASSÉ : JE L'AI EMBRASSÉ !!

ELLE SE TRANSFORMAIT EN PRINCE...

SMACK

ET POURQUOI C'ÉTAIT UN CAUCHEMAR ?

NON !!!!! ELLE S'EST TRANSFORMÉE EN JULIEN !!!

OH !! COMME C'EST DOMMAGE !!

NOTRE PORTFOLIO

VIVRE À UNE AUTRE ÉPOQUE...

Nous allons décrire une civilisation passée ou imaginaire et nous allons réaliser un diaporama avec des textes courts et des images.

1 Nous formons des groupes de 3 ou de 4. Chaque groupe choisit une époque dans le passé ou une époque imaginaire.

2 Nous allons faire la liste des caractéristiques de notre civilisation réelle ou imaginaire :

- nom du pays
- organisation politique et religieuse
- activités économiques
- vie quotidienne : école, travail, loisirs
- écriture, moyens de communication
- expressions artistiques

3 Nous allons élaborer un diaporama ou un poster avec des dessins, des photos... et le présenter au reste de la classe. Chaque membre de l'équipe devra présenter une partie.

4 Et quand nous avons fini, nous votons pour la production la plus originale.

IL NOUS FAUT :

- ✓ un peu d'imagination
- ✓ des images (ou Internet)
- ✓ un grande feuille cartonnée
- ✓ matériel de dessin et de collage ou un logiciel de diapositives

La pause pub

ANNONCEZ-VOUS ICI !
WWW.PUB.FR

Pour cela, nous allons apprendre :

- à décrire des objets : comment ils sont et à quoi ils servent
- à recommander et à persuader
- à formuler des interdictions
- à analyser des publicités

Et nous allons utiliser :

- les constructions avec prépositions
- l'impératif
- les pronoms COD et COI
- les matières (**en** + matière)
- les couleurs

NOTRE PORTFOLIO

Dans cette unité, nous allons...
créer un spot publicitaire.

4 | 1. Les pubs

1 Affiches

A. Regarde ces publicités. Chacune annonce un produit. Lequel à ton avis ?

● *Je pense que la A est une publicité pour ...*

B. Écoutez les versions radio de ces publicités et dites à quel produit elles correspondent.

Pistes 33-37

● *Je crois que la première pub c'est ...*

A

PLANÈTE JEUNES

www.planetejeunes.com

CARTE 12-25 ANS
-50% SUR TES VOYAGES !
« PLANÈTE JEUNES » ET
LE MONDE EST À TOI !

B

Eau fleurie

Eau fleurie,
séduction garantie !

C

LA ROUTE C'EST PAS UN JEU VIDÉO

T'as
qu'une
vie

D

UN ÉTÉ
POUR
UNE
LANGUE

E

En forme dès le matin !
Mange, bouge, tiens bon toute la journée !

Ministère de la Santé

2 Slogans

A. Lis ces slogans publicitaires. À quoi correspondent-ils ?

Ⓐ Prépare-toi à vivre des sensations nouvelles !

Ⓑ **DIS NON TOUT SIMPLEMENT !**

Ⓒ **Entre dans l'univers de tes héros !**

Ⓓ **LAVE-LES TOUS LES JOURS SI TU VEUX !**

Ⓔ Découvrez le plaisir des grands espaces !

Ⓕ **N'oubliez pas ! Avant de sortir, celui qui conduit, c'est celui qui ne boit pas.**

Ⓖ **Vivez l'incroyable ! Dansez avec un robot !**

① un magazine pour ados
② un parc d'attractions
③ un shampooing doux pour les cheveux
④ une campagne contre la consommation d'alcool au volant
⑤ une campagne anti-drogue
⑥ une exposition au salon des nouvelles technologies
⑦ une publicité pour une région touristique

B. À deux, commentez vos résultats. Justifiez vos réponses.

● *Je crois que le slogan A parle d'un shampooing.*
○ *Mais pas du tout ! Je pense que c'est ...*

C. À deux, relisez les slogans et observez bien les verbes. Il y a un nouveau temps : l'impératif. Complétez la liste des verbes à l'impératif.

Essayez de dire comment on forme ce temps.

	Impératif	Infinitif
Slogan 1	lave-les	laver
Slogan 2		
...		

D. Dans ces slogans, il y a parfois un mot placé derrière le verbe. Qu'est-ce que c'est ? Soulignez ces mots dans la liste de verbes que vous avez copiée. À deux, essayez de trouver le nom qu'ils remplacent. Comment vous le dîtes dans votre langue ?

Lave-(les) = les cheveux

On a besoin de...

L'impératif

Les verbes en -er

Parl**e** plus fort, s'il te plaît !
Parl**ez** moins vite, s'il vous plaît !

💡 *L'impératif avec « nous » s'utilise essentiellement pour des « invitations »*

Allons-y / Voyons

Faisons la route ensemble!

Les pronoms COD avec l'impératif

David ! **Aide-moi** s'il te plait !

Lève-toi, il est 9 heures !

Ton pull ? **Cherche-le**, il est dans ta chambre !

Laisse-la dormir, elle est très fatiguée !

Appelle-nous sur le portable, nous ne sommes pas à la maison !

Dépêchez-vous, le film va commencer !

Regarde-les, ils s'amusent comme des fous !

Maquille-moi, s'il te plaît !

Maquille-toi !

DOSSIER SPÉCIAL PUB

3 Tu le vois, tu le veux !

A. Lis ces textes sur la publicité et note deux idées qui, selon toi, sont importantes. Puis, à deux, discutez-en.

Prisonniers de la pub

On ne la voit plus mais la pub est présente partout : dans la rue, dans le bus ou dans le métro ; elle remplit nos boîtes à lettres et nos e-mails ! Elle est même sur nos vêtements ! Impossible d'y échapper !
Elle fait constamment preuve d'originalité, de créativité et d'imagination pour nous séduire et nous convaincre d'acheter le produit qu'elle annonce. On dit qu'une bonne pub ressemble au public auquel elle s'adresse parce que celui-ci s'identifie aux personnages qu'elle met en scène. Et si c'était tout le contraire ? La pub nous ressemble ou est-ce que c'est nous qui lui ressemblons ? Nous désirons vraiment ce qu'elle nous montre ou est-ce elle qui provoque en nous de nouveaux désirs ?

Marché ados : le difficile combat des marques

Pour être sûres de toucher les ados, les marques doivent agir selon certaines règles. D'abord, les erreurs à ne pas commettre : caricaturer ou mettre en avant leurs faiblesses. Pas touche non plus aux valeurs de la famille ou de l'amour : ils y sont très attachés. Ensuite, les marques doivent utiliser un langage subtil pour les toucher à travers leurs passions : les vêtements, les sports et la musique. Trois éléments qu'une marque jeune et cool doit habilement mêler, sans oublier la touche ethnique et authentique, si chère aux ados.
Et puis, les marques doivent personnaliser leur produit parce qu'être ado, c'est faire partie d'un groupe, bien sûr, mais c'est aussi être différent. Elles doivent aussi proposer des séries limitées ou signées par des stars du sport ou de la musique.
Enfin, il faut utiliser des méthodes efficaces pour les séduire... En voici quelques unes :

▶ Distribution de tracts et d'échantillons par des jeunes sur les lieux qu'ils fréquentent ;

▶ Utilisation de stars qui apportent une part de rêve ;

▶ Bouche à oreille : la recommandation d'un copain est souvent bien plus efficace qu'une pub. La rumeur part donc des leaders et circule à travers les chats et les forums. Internet est un instrument idéal car totalement intégré à la culture ados.

Un peu de français familier

ado = adolescent
pub = publicité
pas touche = il ne faut pas toucher
éclate-toi = amuse-toi

4 Gros plan sur la pub

A. Observe ces affiches et complète le tableau.

	Produit	Marque	Slogan	Cible
Publicité 1	Exposition sur les dragons et la science-fiction			
Publicité 2				ados
Publicité 3				

B. Observe de nouveau ces affiches et réponds aux questions. Ensuite, avec toute la classe, comparez et commentez vos réponses.

– Laquelle te plaît le plus ? Pourquoi ?

À ton avis :
– il y a une annonce sexiste ?
– il y en a où le consommateur est manipulé ?

C. En groupe, apportez une pub pour l'analyser à l'aide du tableau ci-dessus. Présentez vos conclusions à la classe.

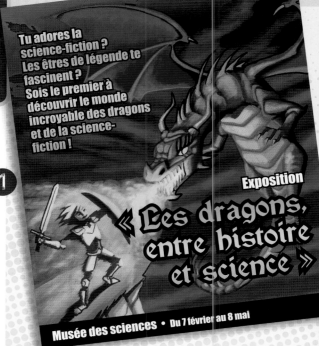

Tu adores la science-fiction ? Les êtres de légende te fascinent ? Sois le premier à découvrir le monde incroyable des dragons et de la science-fiction !

1

Exposition
« Les dragons, entre histoire et science »

Musée des sciences • Du 7 février au 8 mai

Les « bonnes » pub

La publicité n'incite pas seulement à la consommation. Dans certains cas, elle permet aussi de nous sensibiliser par rapport à certains phénomènes de société. Par exemple, il existe des campagnes de communication sur nos habitudes alimentaires, sur la sécurité routière ou contre la consommation d'alcool au volant.

CE SOIR, NE METTEZ PAS VOS AMIS EN DANGER.
Avec le cocktail vitesse - alcool - cannabis - fatigue, vous n'êtes plus vraiment vous-même sur la route.

www.sortezrevenez.fr

(source : DSCR)

B. Remplis ce tableau et compare tes réponses avec celles de ton voisin.

	Oui	Non	Pourquoi ?
Je suis influencé(e) par la pub.			
Je m'habille comme dans les pubs.			
Je mange ce que je vois à la télé.			
Je crois ce que me dit la pub.			
Je fais confiance aux marques.			
J'insiste ou j'ai insisté pour que mes parents m'achètent un produit d'une pub.			

ÉCLATE-TOI en toute sécurité !

Ta tête, tes genoux et tes coudes sont irremplaçables !

Coquette, charmeuse, rebelle, classique, nature, ethnique... ?

Toutes tes envies sont chez Marilou.

Marilou, parce que les filles sont comme ça !

Consulte notre catalogue sur www.marilou.com

5 Passez votre commande !

A. Observe cette page d'un catalogue et réponds aux questions.

Combien d'objets sont ronds ?	
Combien sont carrés ?	
Combien sont rouges ?	
Combien sont en plastique ?	
Combien sont en bois ?	
Combien sont en tissu ?	
Combien sont en métal ?	
Combien sont en papier ?	
Combien sont _____ ?	

BIEN CHEZ MOI

❶ Appareil photo numérique — 89,10 €

❷ Téléviseur LCD 32'' — 599,00 €

❸ Téléphone portable — 79 €

❹ Bol petit-déj' — 4,90 €

❺ Coussins — 5,90 €

❻ Lampe de chevet — 19,99 €

❼ Baladeur MP3 – 4 Go — 45,99 €

❽ Radio-réveil Buzz510 — 15,09 €

❾ Webcam — 17,90 €

❿ Lampe de bureau bibloc — 21,90 €

⓫ Chaise de bureau — 53 €

⓬ Chevalet — 110,70 €

B. Jeu de l'objet secret, choisissez chacun un objet de ce catalogue. Les autres doivent deviner lequel vous avez choisi. Ils peuvent vous poser des questions mais vous pouvez répondre seulement par **oui** ou par **non**.

- Ton objet est rond ?
○ Non.
- Il est en métal ?
○ Oui !
- On l'utilise pour faire des photos ?
○ Oui !
- Je sais ! C'est l'appareil-photo !
...

C. Écoute et indique de quel objet de la liste il s'agit. Lesquels ne sont pas décrits ? À toi de faire leur description.

Pistes 38-42

un porte-clefs
une bougie parfumée
des lunettes
une lampe de bureau
une casquette

une paire de baskets
un livre
un porte-photo
un téléphone portable
une brosse à dents

6 Je mets ça où ?

savoir apprendre

Dans les dialogues, les pronoms sont signalés.
Tu peux dire quel nom ils remplacent ?

laisse-<u>les</u> → les coussins
pousse-<u>la</u> → la table

Vraiment, trop sympas tes parents !

C'est vrai, ils sont trop sympas !

Si Claire appelle, demande-**lui** d'apporter ses CD.

On laisse les coussins sur le canapé ?

Dis, je fais quoi avec la table et les chaises ?

Les chaises, mets-**les** sur le balcon. La table, on va **la** mettre contre le mur pour installer le buffet.

Oui oui, laisse-**les**, c'est plus sympa !

Et les sandwichs et les pizzas ? Je **les** mets où ?

Emporte-**les** dans la cuisine et trouve-**leur** une place.

Qu'est-ce qu'on fait avec la télé ? On **la** laisse ici ?

Non, pose-**la** dans le coin. Devant, on va mettre la chaîne et les CD.

Oui, c'est ça. Le téléphone, prends-**le** et mets-**le** dans ma chambre.

On a besoin de...

Décrire un objet

Les formes

Elle est **comment** ta table ?
Elle est **carrée**.
        ronde.
        rectangulaire.
        petite.
        grande.

La matière

Il est **en quoi** ton sac ?
Il est **en papier**.
       en tissu.
       en plastique.

Elle est **en quoi** cette boîte ?
Elle est **en métal**.
          en bois.

Sans / à / de

un téléphone **sans** fil
une valise **à** roulettes
un sac **de** voyage

Les couleurs

De quelle couleur est ta valise ?
Elle est **bleue**.

Dis, ça sert à quoi ça ?

À faire parler les curieux !

Les pronoms COI

Passe-**moi** du sel, s'il te plaît !
Fais-**toi** plaisir !
Posez-**lui** la question !
Téléphone-**nous** !
Offrez-**vous** des vacances !
Dis-**leur** la vérité !

 Attention à la place des pronoms.

Dis-**leur** !
(impératif affirmatif)

Ne **leur** dis pas !
(impératif négatif)

7 On peut ou on ne peut pas ?

A. À deux, dites ce qui est interdit dans cette ville.

• Il est interdit de jeter des papiers par terre.

 B. Trouve cinq personnes qui ne respectent pas les panneaux. Qu'est-ce qu'elles font ?

Le garçon avec le short vert a fait tomber un papier par terre.

8 Fais pas ça !

A. Lis ces phrases et dis, à ton avis, à qui elles s'appliquent.

— Ne vous garez pas devant l'entrée du parc !
— Ne marchez pas sur la pelouse !
— Ne jette pas ce papier par terre !
— Ne bois pas l'eau de la fontaine !

B. À deux, écrivez ces phrases à l'impératif affirmatif.

Ne vous levez pas !	Ne le touchez pas !	Ne te couche pas trop tard !	Ne l'achète pas !	Ne les prends pas !	Ne me parlez pas !
Levez-vous !					

savoir apprendre Où est situé le pronom dans les phrases négatives ? Et dans les phrases affirmatives ?

9 Les robots

Formez des groupes de trois. Votre professeur va cacher des objets dans la salle. Dans chaque groupe, une personne sait où ils sont ; elle dirige les deux autres qui jouent le rôle des robots et obéissent aux ordres.

RÈGLE DU JEU

3 joueurs : 1 maître et 2 robots avec les yeux bandés. Le maître doit diriger ses robots dans la classe pour qu'ils trouvent les objets cachés et qu'ils évitent les obstacles. Il peut donner des ordres comme :

— Continue tout droit !
— Tourne à droite / à gauche !
— Baisse-toi !
— Écarte la chaise / la table...
— Touche...
— Fais attention à... !
— Arrête-toi !
— Mets la main sur... / sous...

10 Il est interdit d'interdire !

A. Que signifient ces panneaux ?

Stationnement interdit
Sens interdit
Silence
Salle non-fumeur
Eau non potable
Entrée interdite aux animaux
Photos et films interdits
Éteignez vos portables

B. Il y a des interdictions partout ! Fais une liste de dix choses que tu ne peux pas faire dans ton collège, dans la rue, dans le bus (ou le métro), dans un parc...

1. Les portables sont interdits au collège.
2. Il est interdit de jouer au ballon dans les parcs.
...

C. À deux, comparez vos listes et faites une nouvelle liste de cinq interdictions que vous voudriez changer. Expliquez pourquoi.

Au collège, on ne peut pas utiliser notre portable. Ce n'est pas normal, parce que parfois j'ai envie d'appeler mes amis et je dois attendre la fin des cours !

D. Échangez votre liste avec deux autres camarades et écrivez des arguments contre à côté de leurs phrases.

11 Singulier ou pluriel ?

Tu te rappelles la différence entre *le* [ə] et *les* [e] ? Écoute et indique, comme dans l'exemple, s'ils parlent...

Piste 43

Des sons et des lettres

1. **d'un gâteau** ou **de gâteaux**
2. **d'un coussin** ou **de coussins**
3. **d'un chien** ou **de chiens**
4. **d'un stylo** ou **de stylos**
5. **d'un pantalon** ou **de pantalons**
6. **d'une clé** ou **de clés**
7. **du bus** ou **de bus**

On a besoin de...

L'impératif négatif

Négation

Ne touche **pas** à tout !
N'oublie **pas** tes affaires !

Pronoms : forme et place

Ne **me** parle pas !
→ Parle-**moi** !
Ne **te** couche pas tard !
→ Couche-**toi** avant 21 heures !
Ne **la** regarde pas !
→ Regarde-**la** !
Ne **l'**écoute pas !
→ Écoute-**le/-la** !
Ne **lui** donne pas !
→ Donne-**lui** !

Le pronom change de place et quelques fois de forme.

Interdire / autoriser

Il est interdit de stationner.
Interdiction de stationner.
Ne pas stationner.
Defense de stationner.
Stationnement **interdit**.
Stationnement **autorisé**.

Parc national de Mont-Libre
Ne vous privez pas de liberté

Vous entrez dans un espace protégé, respectez-le!

QuARTiER libRE

La revue des jeunes qui apprennent le français. Nº 4

CHANSON
Monsieur Bibendum

[...]
Monsieur Bibendum
Il est vraiment énorme
Monsieur Bibendum
Il est pas dans les normes
Ses 110 kg, soyez sûrs
qu'c'est pas du Mac Do
Plutôt épicurien qu'aut' chose
Voilà son crédo
Son nom c'est
Monsieur Bibendum
C'est un sacré bonhomme
Monsieur Bibendum
Le bonheur en personne
[...]

Paroles et musique : Tryo
Grain de sable (2003)

Personnages de pub

Il y a, au fil des ans, des personnages de publicité qui deviennent populaires en raison d'une particularité physique, d'une action spécifique ou parfois, tout simplement en raison du hasard. M. Bibendum est l'un de ces personnages. Il a bien sûr fallu l'adapter aux images de son temps, mais sans jamais enlever ses célèbres pneumatiques.

Est-ce que tu connais des personnages (personnes, animaux) devenus célèbres grâce à la publicité ?

La semaine sans ...

Casseurs de pub est une association fondée en 1999 par un ancien publicitaire. Son objectif est de promouvoir la création artistique et graphique orientée vers la critique de la société de consommation. Dans ce but, elle réalise des films d'animations, organise des expositions, des spectacles ou des colloques.
Elle participe aussi à des campagnes comme « La semaine sans télé » (au mois de mai, depuis 2000), « La journée sans achats » (en novembre depuis 1999) ou « La rentrée sans marques » (à la rentrée scolaire, depuis 2000).
Ces campagnes sont organisées pour nous faire prendre conscience des dangers de la surconsommation de télévision et nous inviter à avoir des activités différentes ; pour attirer notre attention sur l'influence que la publicité peut exercer ou pour protester contre la trop grande présence de marques et de pubs dans les écoles.

Ces mots qu'on coupe...

En français, on coupe souvent les mots, on dit qu'on les abrège. Par exemple, on ne dit pas « pneumatique » mais « pneu » (pas facile à prononcer !). Est-ce que tu sais comment on abrège les mots ci-dessous ? Est-ce que tu en connais d'autres ?
Automobile, vélocipède, télévision, consommation, ordinateur, métropolitain, publicité, professeur.

Solution : auto, vélo, télé, conso, ordi, métro, pub, prof.

Envoie-nous une proposition de « semaine sans... » et explique les raisons de ton choix. Les 5 meilleures idées seront publiées dans Quartier Libre.

POURQUOI LES ADOS INTÉRESSENT-ILS AUTANT LES MARQUES ?

Les marques sont toujours à la recherche de nouveaux marchés et celui des ados les intéresse particulièrement. Pourquoi ?

➕ Leur argent de poche est en constante augmentation.

➕ Pour eux, une bonne marque est synonyme de qualité et ils n'hésitent pas à économiser pour se l'offrir.

➕ Ils ont une grande influence sur leur parents au moment de l'achat, surtout pour les vêtements, les loisirs et l'alimentation.

➕ Ado à la maison signifie investissement en nouvelles technologies.

➕ Ce sont eux qui jugent si une marque est cool ou non.

➕ Les ados sont le marché de demain, il faut donc les séduire et les fidéliser (les études montrent que l'on conserve une grande partie des marques une fois adulte).

➖ Mais attention, les ados ont une attitude très changeante envers les marques !

NOTRE PORTFOLIO

LES MEILLEURES PUBS

Nous allons créer un spot publicitaire.

1 Formez des groupes de 3 ou 4. Choisissez le produit que vous voulez annoncer.

2 Décidez à qui il est destiné et quel doit être le style de votre publicité : moderne, comique, ...

3 Votre annonce doit durer de 2 à 3 minutes. Vous devez inventer une marque et rédiger un texte avec un slogan.

4 Dans chaque groupe, choisissez un réalisateur et faites des répétitions de votre annonce avant de la présenter devant la classe. Pensez à faire des panneaux et à vous déguiser si nécessaire.

5 Si possible, filmez-vous avec un caméscope et enregistrez aussi le son.

6 Après les présentations de toutes les publicité à la classe, distribuez les prix suivants :

- la publicité la plus drôle
- la publicité la mieux réalisée
- le meilleur slogan
- les meilleurs décors
- la meilleure musique

IL NOUS FAUT :

✓ de la musique
✓ des objets de la classe ou de chez nous pour les décors et l'ambiance
✓ des déguisements
✓ un caméscope

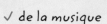

Maintenant tu sais...

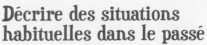

BILAN
Unités 3 et 4

1 **Tu sais déjà faire beaucoup de choses !**

Maintenant nous allons nous rappeler ce que nous avons appris dans les unités 3 et 4. Par groupes de trois, complétez les affiches ci-dessous avec d'autres phrases. Pour cela, vous pouvez utiliser de grandes feuilles de couleur pour ensuite les coller sur le mur de la classe.

Décrire des situations habituelles dans le passé
Dans les années 60, les filles portaient des minijupes.
Pendant les vacances d'été, nous allions toujours à la mer.

Comparer le passé et le présent
Avant on communiquait beaucoup par lettres, aujourd'hui on envoie des SMS.
L'année dernière, j'allais au club théâtre ; cette année, je vais à l'atelier de journalisme.

Raconter une situation au passé
Samedi, Alice faisait du ski et elle est tombée.
Hier, Macha a rencontré son prof de musique au supermarché.

Parler de changements
Coralie s'est fait couper les cheveux.
Maintenant, je porte des lentilles de contact.

Présenter des faits en les mettant en relation
Marc est très bon en maths et en physique, par contre il est nul en français.
Alex joue du piano et de la basse et en plus il chante très bien.

Recommander et persuader
Commence bien ta journée, prends un petit déjeuner complet !
Venez vite voir notre exposition, vous allez adorer !

Décrire un objet et son emploi
On utilise cet appareil pour écouter de la musique.
Il est petit, rectangulaire et en plastique.

Formuler des interdictions
Les portables sont interdits dans le collège.
Interdiction de stationner. Sortie de véhicules.

En route vers le DELF !

2 Compréhension orale

Jules doit préparer un exposé sur la vie à la campagne autrefois. Voici un extrait de sa conversation avec son grand-père. Écoute et dis si les affirmations sont vraies ou fausses.

Piste 45

	VRAI	FAUX
1. Le grand-père vivait dans une grande ville.		
2. Il allait à l'école à pied avec son frère.		
3. Ses parents travaillaient à l'usine.		
4. À 14 ans, il a reçu un vélo.		
5. Il garde un bon souvenir de son cadeau.		

3 Expression écrite

Tu envoies un message à ton frère. Il t'a pris un objet que tu veux utiliser et tu souhaites le récupérer. Complète le texte en imaginant l'objet, sa couleur, sa forme et son utilité. Explique aussi pourquoi tu en as besoin maintenant. (60-80 mots)

À :

De :

Objet :

Date :

Nico,

Le mois dernier, tu m'as demandé mon/ma ....

4 Compréhension écrite

A. À quels panneaux tu associes ces indications ?

PELOUSE INTERDITE

BAIGNADE INTERDITE

Attention aux vols
Beware of thieves
Vorsicht vor diebstahl
Attenzione ai ladri
Atenciòn a los robos

AIRE PIETONNE

10 sur 100m

RÉSERVÉ AUX LIVRAISONS DE 8ʜ A 20ʜ TOUS LES JOURS SAUF LES DIMANCHES ET JOURS FÉRIÉS

ÉCOLE
Entrée Ecole

- **A** Piste cyclable
- **B** Ne pas marcher sur l'herbe
- **C** Ne laissez pas d'objets de valeur
- **D** Stationnement interdit du lundi au samedi de 8 h à 20 h
- **E** Interdiction de fumer
- **F** Attention école
- **G** Zone réservée aux piétons
- **H** Baignade interdite

1	2	3	4	5	6	7	8
...	...	...	...	...	...	...	...

5 Expression orale

Choisis un des deux sujets pour en parler en classe.

Sujet 1

Pense à un aspect de la vie quotidienne qui a beaucoup changé ces cinquante dernières années (les transports, les voyages, les communications, l'information, la médecine, l'école…). Compare les deux époques.

Sujet 2

Présente deux publicités que tu connais bien : une que tu aimes bien et une autre que tu n'apprécies pas. Décris les images utilisées et le produit vendu. Explique pourquoi tu préfères l'une des deux.

Test

BILAN
Unités 3 et 4

6 Complète ces phrases avec une des trois propositions.
Ensuite, compare tes réponses avec celles de ton voisin.

1 ● L'année dernière, Maxime et Julie .... le château de Versailles, ils ont adoré.
  a visitaient
  b ont visité
  c vont visiter

2 ● Tu aimes l'histoire ?
  ○ Non, mais .... j'adore la géographie.
  a par contre
  b et aussi
  c quand

3 Regarde Patricia ! Elle .... ses cheveux.
  a a grossi
  b a laissé pousser
  c a porté

4 Tiens, c'est drôle ! Nous avons acheté les .... chaussures.
  a différentes
  b mêmes
  c drôles

5 Quand j'............... petite, mes parents m'............... au cinéma pour Noël.
  a était   emmenaient
  b étais   emmenaient
  c étions emmenait

6 Il est interdit de/d'............... dans ce magasin.
  a acheter
  b manger
  c payer

7 Ton jardin ? Arrose-............... tous les soirs !
  a les
  b leur
  c le

8 Tes rollers ? Je ne sais pas où ils sont ! ....-les dans ta chambre !
  a Cherchent
  b Cherches
  c Cherche

9 Mes parents .... voir un opéra de Verdi, hier soir. Ils .... très contents.
  a vont aller   sont
  b vont   vont être
  c sont allés   étaient

10 ● Léo est différent, non ?
  ○ ....
  a Oui, il grossissait un peu.
  b Oui, il a un peu grossi.
  c Oui, il va grossir un peu.

11 Marie t'a téléphoné ce matin, rappelle-............... !
  a la
  b lui
  c le

12 Vite, dépêche-............... ! On va encore être en retard !
  a nous
  b moi
  c toi

13 Le film commence à 21 h 00. .... à l'heure pour une fois !
  a sois
  b es
  c étais

14 ● Comment elles sont tes nouvelles lunettes ?
  ○ Elles sont ....
  a petites, rondes, en plastique et rouges
  b petites, en papier, rouges et sans fil
  c grandes, carrées, rouges et à roulettes

15 Nos anciens voisins n'étaient pas sympas et .... ils étaient très bruyants.
  a au contraire
  b par contre
  c en plus

16 ● Tu sais si Alice a réussi son examen ?
  ○ Non, mais demande-............... !
  a la
  b lui
  c leur

17 ● Où est-ce que je mets ces boîtes ?
  ○ .... dans l'entrée, s'il te plaît !
  a Pose-le
  b Pose-leur
  c Pose-les

18 ● Elle est en quoi cette table ?
  ○ .... bois.
  a De
  b En
  c À

19 Si le panneau dit « Éteignez votre portable ! », cela signifie qu'...............
  a on peut utiliser son portable.
  b on doit utiliser son portable.
  c on ne peut pas utiliser son portable.

20 ● Dis, c'est Lise et Nico, ils demandent à quelle heure on va arriver.
  ○ Dis-............... que nous arrivons vers 10 h 30.
  a leur
  b lui
  c les

UNITÉ
5
Vas-y, raconte !

NOTRE PORTFOLIO ★ ★ ★

Dans cette unité, nous allons...
écrire une histoire.

Pour cela nous allons apprendre :

- à raconter des événements passés
- à structurer un récit oral ou écrit
- à réagir face à un récit

Et nous allons utiliser :

- Les temps du récit : **le présent, l'imparfait, le passé composé**
- Les indicateurs temporels : **d'abord, ensuite, après, enfin, depuis**
- Les questions du récit : **qui ? quoi ? quand ? où ? pourquoi ? comment ?**

1 Supermax

A. Hier, il est arrivé une mystérieuse aventure à Max. Mais il ne se rappelle pas très bien ce qui s'est passé. Regarde ce qu'il raconte à l'aide de cette petite BD.

J'AI ENVOYÉ UN SMS À ZAÏRA.

RDV 4 H DEVANT ENTRÉE PARC DES OLIVIERS. A + MAX ☺

Un tigre dans le parc des Oliviers
L'intervention immédiate de la police et des gardiens du zoo a permis d'éviter le drame.

C'ÉTAIT SAMEDI. NOUS NOUS SOMMES RETROUVÉS DEVANT LA GRILLE DU PARC.

NOUS AVONS D'ABORD ACHETÉ UNE GLACE PARCE QU'ON AVAIT TRÈS CHAUD ! IL Y AVAIT BEAUCOUP DE MONDE.

NOUS NOUS SOMMES PROMENÉS AU BORD DU LAC.

TOUT À COUP, NOUS AVONS ENTENDU UN DRÔLE DE CRI. IMMÉDIATEMENT APRÈS, DES MAMANS ONT COURU AVEC LEURS ENFANTS ; UN MONSIEUR A BOUSCULÉ ZAÏRA. LA PAUVRE, ELLE EST TOMBÉE... ET PUIS JE NE SAIS PLUS, JE NE ME RAPPELLE PLUS DE RIEN...

B. À deux, regardez les illustrations suivantes et essayez de décrire ce qui s'est passé. Pour chaque illustration, il y a des phrases à remettre dans l'ordre juste.

1 ZAÏRA ÉTAIT COUCHÉE PAR TERRE.
2 TOUT À COUP, MAX S'EST TRANSFORMÉ EN SUPERMAX.
3 IL A LAISSÉ ZAÏRA AVEC UN POLICIER.
4 IL A RÉPONDU AUX JOURNALISTES : « JE NE SAIS PAS CE QUI S'EST PASSÉ ».
5 ALORS LES PHOTOGRAPHES ONT COMMENCÉ À PRENDRE DES PHOTOS ET PUIS LES JOURNALISTES ONT POSÉ PLEINS DE QUESTIONS À MAX.
6 ET PUIS ILS ONT ATTRAPÉ LE TIGRE.
7 À CE MOMENT-LÀ, LA POLICE ET LES GARDIENS DU ZOO SONT ARRIVÉS TRÈS VITE.
8 LE TIGRE COURAIT DERRIÈRE LES GENS. MAX ET ZAÏRA FUYAIENT VERS LA SORTIE.
9 QUELQUES INSTANTS APRÈS, IL A PRIS ZAÏRA DANS SES BRAS ET IL A RAPIDEMENT TRAVERSÉ LE PARC.

C. À deux, à l'aide de toutes ces informations, vous essayez de raconter cette histoire oralement.

2 Encore plus de détails !

Piste 46

A. Maintenant Max est avec son copain Polo. Il commence à se rappeler ce qui s'est passé dans le parc. Il raconte son histoire et donne plus de détails. Écoute la conversation et choisis, parmi ces trois propositions, le titre qui convient le mieux à ce récit.

1 **Une jeune fille sauvée par un mystérieux héros**

2 **Un mystérieux héros attrape le tigre**

3 **Un tigre du zoo attaque un jeune couple**

B. Comme tu as pu le constater, ce texte est écrit avec deux temps du passé : l'**imparfait** et le **passé composé**. Essaie de les classer dans le tableau suivant :

Imparfait	Passé composé
On était	On a commencé
...	...

C. Essaie de retrouver dans ta langue à quel(s) temps on peut associer

- le passé composé :
- l'imparfait :

D. Regarde cette illustration et décris ce qui se passait au moment où la photo a été prise.

Il y avait...

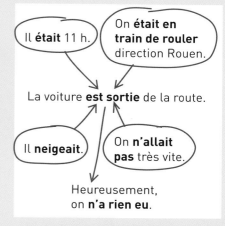

5 2. Je me promenais quand...

3 Bonnes et mauvaises nouvelles

A. À deux, lisez ces gros titres puis classez ce qui est, selon vous, une bonne nouvelle ou une mauvaise nouvelle.

Bonnes nouvelles	Mauvaises nouvelles
Succès des sagas fantasy...	

B. À deux, justifiez votre classement par une courte phrase et ensuite discutez vos résultats avec toute la classe.

• Je pense que le succès des sagas fantasy est une bonne nouvelle parce que je crois que ça veut dire qu'on lit plus qu'avant.

C. On s'exprime souvent très différemment à l'écrit et à l'oral. Lisez les commentaires de ces six personnes aux gros titres ci-dessus. Puis, faites une liste des verbes au passé (l'imparfait et le passé composé).

Incendies, exploitations sauvages... Les forêts en danger

Musique en ligne ? Bientôt, tout sera plus simple

LE TRAVAIL DES ENFANTS Les ONG s'inquiètent des nouveaux chiffres

Grand succès des sagas fantasy auprès des jeunes

Opération « rivière propre » : le public était au rendez-vous

Les téléspectateurs exigent moins de pub à la télé !

① Moi, la pub à la télé, franchement, j'aime pas ! J'ai vu une pub pour les ados et je crois vraiment qu'on les prend pour des naïfs !

② Des forêts ont brûlé ? Où ça ? En Indonésie ? En Amazonie aussi y'a des problèmes. Je crois qu'on a coupé des forêts entières pour vendre le bois. C'est grave pour les populations et pour la nature.

③ C'est terrible il paraît que beaucoup d'enfants ne vont pas à l'école et travaillent dans des ateliers. J'ai lu aussi que des enfants fabriquaient des ballons pour le foot. J'en reviens pas !

④ Bravo, cette journée « rivière propre », quel succès ! Ça c'est une idée top, je voudrais bien avoir plus d'infos, je vais chercher leur mail sur le Net.

⑤ La musique sur Internet, j'adore ! C'est pratique, hier soir j'ai écouté mon rappeur préféré, c'était super, j'étais avec mon copain Mano. On s'est bien éclaté ! Et puis, c'est pas cher...

⑥ Les histoires de sorciers ? Ouais, ça me branche bien, j'ai commencé à lire ces histoires très tôt, j'avais 9 ans, mes parents étaient vachement contents parce que je lisais ! Là, j'ai fini de lire *Orsano le magnifique*. Vous connaissez ? Non ? Trop bien !

D. Voici quelques infos express données à la radio. Écoute-les ? De quoi elles parlent ?

Pistes 47-49

E. Est-ce que tu peux raconter au reste de la classe une information (curieuse, intéressante, inquiétante...) que tu as entendue à la radio ou vue à la télé ou sur Internet ?

4 Le parchemin était signé « Barbe noire » !

A. Observe ces images. À ton avis, que s'est-il passé ?

B. Maintenant, à deux, choisissez les verbes de la liste pour compléter le texte.

Sylvain, expliquez-nous ce qui s'est passé...
       tranquillement en train de me promener au bord de l'eau. Il n'y avait personne.   déjà presque noir et   beaucoup de brouillard. On voyait pas très bien l'horizon...

C'était quand ?
La semaine dernière, le jour de la grosse tempête. Il devait être 5 ou 6 heures du soir. Tout à coup,   un drôle de bruit. Je pensais que   le vent ou les vagues.   vers la mer et là, j'ai vu une ombre géante qui s'approchait du rivage...

Vous avez dû avoir très peur, j'imagine ?
J'étais terrorisé ! Mais j'avais tellement peur que j'étais complètement paralysé !

Et est-ce que vous pouvez nous dire comment était cette ombre ?
En fait, c'était l'ombre d'un bateau, d'un vieux bateau du temps des pirates et des corsaires.   une grande voile et au haut du mât, on pouvait distinguer un drapeau qui   ... C'était un drapeau noir avec... avec une tête de mort !!

Et qu'est-ce qui s'est passé à ce moment-là ?
Je voulais fuir, mais impossible. Alors   une voix caverneuse qui m'appelait « Sylvain ! Sylvain ! ». C'était un pirate, comme dans le film *Pirates des Caraïbes* !! C'était comme un squelette qui brandissait un sabre. Et puis,   d'autres pirates, ils descendaient du bateau et venaient tous vers moi...

Et pourquoi n'avez-vous pas demandé de l'aide ?
Il n'y avait personne. Je ne pouvais rien faire...

Et alors ?
Après, je ne sais plus vraiment ce qui s'est passé.   au poste de secours. Mais regardez ce qu'il y avait dans mes poches : des pièces d'or et ce parchemin signé « Barbe Noire » !

C. Écoute l'interview de Sylvain et vérifie tes réponses.

Piste 50 **D.** À deux, imaginez ce qui s'est passé entre le moment où les pirates se sont dirigés vers Sylvain et le moment où il s'est réveillé au poste de secours. À votre avis, quel secret contient le parchemin ?

On a besoin de...

Emploi des temps du passé

L'imparfait

➤ pour les descriptions au passé

Elle **portait** une robe rouge.

➤ pour des actions habituelles

Il **prenait** le bus tous les matins.

Dans un récit, on a souvent l'**imparfait** et le **passé composé** ensemble.

La grand-mère de Bettina **habitait** à Arcachon. *(imparfait)*

⟶ maintenant

Bettina **a passé** ses vacances à Arcachon. *(passé composé)*

maintenant

L'année dernière, Bettina **est allée** chez sa grand-mère qui habitait à Arcachon.
Je **naviguais** sur le Net quand mon portable **a sonné**.

---

je me réveillais / je me suis réveillé
flottait / a flotté
j'entendais / j'ai entendu
je regardais / j'ai regardé
j'entendais / j'ai entendu
il y avait / il y a eu
j'étais / j'ai été
il faisait / il a fait
c'était / ça a été
il avait / il a eu
je voyais / j'ai vu

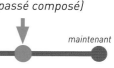

3. Sans blague !

5 C'est pas vrai !

A. Quand on nous raconte quelque chose, nous exprimons parfois notre intérêt ou notre opinion. Regarde la fiche modèle à remplir, puis lis ces mini conversations et complète une fiche pour chaque texte.

> **Conversation n°** ......
>
> *Que fait celui qui écoute pour coopérer ?*
>
> ☐ Il demande plus d'information.
> ☐ Il répète partiellement l'information.
> ☐ Il exprime un sentiment.
> ☐ Il exprime son accord.

B. Et toi, comment tu réagis dans les situations suivantes ? Tu peux utiliser les fiches et les expressions de l'exercice précédent.

> Eh bien, moi, je crois aux phénomènes paranormaux ! Un jour d'ailleurs, j'ai vu comment une table bougeait toute seule.

> Tu sais quoi ? Eh bien, mes parents, ils m'ont acheté un chat pour Noël.

> Samedi dernier, je me promenais dans la rue quand tout à coup, j'ai trouvé un portefeuille. Il y avait 100 euros à l'intérieur !

Pistes 51-57

C. Écoute maintenant ce que racontent ces personnes interrogées dans la rue et réagis à ce qu'elles disent.

6 Ça t'est déjà arrivé ?

A. Lis la liste des situations et essaie de te rappeler si cela t'est déjà arrivé.

	Jamais	Quelque fois
- Me sentir ridicule		
- Rencontrer quelqu'un de célèbre dans la rue		
- Avoir le pressentiment que quelque chose va arriver		
- Voir un fantôme		
- Me perdre dans un endroit		
- Rester enfermé dans un lieu		
- Rencontrer un animal dangereux		

1

- Tu sais ce qui lui est arrivé, à Sarah, le week-end dernier ?
- Non… Je ne sais pas… Vas-y, raconte !
- Eh bien, elle était en voiture avec ses parents sur une petite route de montagne quand tout à coup, ils sont tombés en panne d'essence… Mais le pire, c'est qu'il arrêtait pas de neiger !
- Les pauvres ! Et qu'est-ce qu'ils ont fait ?
- Eh bien, ils ont été obligés de dormir dans leur voiture.
- C'est pas vrai !!
- Si, si, je te jure. Heureusement, un camion est passé vers deux heures du matin et le conducteur les a aidés.
- Qu'est-ce qu'ils ont dû avoir froid !!

2

- Pourquoi tu n'est pas allée à l'anniversaire de Stephanie ?
- Parce que j'étais hyper malade. J'avais de la fièvre…
- C'est dommage, c'était super.

3

- Vendredi, je vais voir un concert de rap gratos !
- C'est pas vrai ! Quelle veine ! Comment tu as eu les entrées ?
- En fait, c'est le père d'une super copine… Il travaille au palais des Concerts.

4

- Le prof nous a rendu les contrôles… J'étais vraiment pas contente à cause de ma note… Je lui ai dit : « C'est pas juste. »
- Normal. Et lui, qu'est-ce qu'il t'a dit ?
- Que je pouvais faire un travail à la maison pour améliorer ma note…
- C'est super, tu trouves pas ?
- Ouais…

5

- Tu sais qui j'ai vu hier ?
- Non… Qui ça ?
- Damien, le cousin de Marion… Tu sais bien… un type plutôt mignon…
- Sans blague ! Je croyais qu'il vivait en Angleterre.
- Tu as raison, mais il est venu pour les vacances.
- Et alors ? Qu'est-ce qu'il raconte ?
- Eh bien, en fait… on n'a pas eu le temps de parler…

B. Pour raconter une anecdote, observe le schéma ci-contre et à ton tour d'en raconter une !

Avec qui étais-tu ?
J'étais avec ma mère.

Qu'est-ce qui s'est passé ?
Je me suis perdu.

Quel âge avais-tu ?
J'avais 6 ans.

Où étais-tu ?
J'étais dans un grand magasin.

Qu'est-ce que tu as fait ?
Je me suis mis à pleurer.

Qu'est-ce que tu étais en train de faire ?
J'étais en train de chercher un cadeau.

Et comment ça s'est terminé ?
On a appelé ma mère à travers les haut-parleurs.

● *Une fois, quand j'avais six ans, je suis allé avec ma mère dans un grand magasin. On cherchait un cadeau pour mon cousin Pierre et je me suis perdu. Alors, je me suis mis à pleurer comme une madeleine. C'est à ce moment-là qu'on a appelé ma mère à travers les haut-parleurs.*

7 Ça fait peur !

Piste 58

Écoute ces bruits mystérieux et note tout ce qu'ils te suggèrent. Puis, à deux, écrivez une histoire d'épouvante pour faire peur au reste de la classe.

BRRRRRR

8 Passé composé ou imparfait

Des **sons** et des **lettres**

Piste 59

A. Écoutez et cochez la bonne case :

	1	2	3	4	5
Imparfait					
Passé composé					

Piste 60

B. À deux, vous écoutez les phrases suivantes et vous cochez la case qui correspond à l'imparfait ou au passé composé.

	1	2	3	4	5	6
Imparfait						
Passé composé						

On a besoin de...

Réagir à un récit, à une histoire

● Et elle m'a dit : « Vas-t-en ! ».
○ **Incroyable !**
Non, ce n'est pas vrai !
Non, ce n'est pas possible !
Allons (donc) !
Qu'est-ce qui s'est passé ensuite ?
Et alors, qu'est-ce que tu as fait ?
Ah bon ?
Comme ça, elle t'a dit « va-t-en ! » ?

Pour structurer et organiser un récit ou une histoire

Pour commencer

Une fois... / Un jour...

Pour connecter

(Et) alors... / (Et) ensuite...

Pour terminer

À la fin... / En résumé... / Bref... / Voilà !

Être en train de + infinitif

Pour indiquer le cadre dans lequel se déroule un fait, on peut employer la construction **être** (au présent ou à l'imparfait) + **en train de/d'** + infinitif.

J'**étais**		
Tu **étais**		lire
Il, elle, on **était**	+ en train de +	parler
Nous **étions**		manger
Vous **étiez**		
Ils, elles **étaient**		

● Et quand le facteur **a sonné**, qu'est-ce que tu **étais en train de faire** ?
○ Eh bien, **j'étais en train de lire.**

 Les pronoms accompagnent toujours le verbe à l'infinitif :

J'étais en train de **me** préparer pour sortir, quand Odile est arrivée.

À cette époque, il n'y avait pas de journaux

Oyez, oyez, braves gens !

Au Moyen Âge, entre les XIe et XVe siècles, des écrivains ont commencé à écrire dans une langue romane qui, avec le temps, est devenu le français. On écrivait ces textes en vers, cela donnait du rythme et de l'intensité au récit. Ces textes racontaient des faits historiques ou des histoires d'amour.

Un exemple célèbre est *La Chanson de Roland* qui racontait l'épopée des chevaliers qui défendaient l'empire de Charlemagne. On appelle ce type de texte une chanson de geste.

Il y avait aussi les célèbres légendes celtiques qui racontaient les amours de Tristan et Yseult, les aventures du roi Arthur et de Merlin l'Enchanteur.

À cette époque, il n'y avait pas de journaux. Mais il y avait des journalistes, les trouvères, qui récitaient ces histoires, souvent sur des airs de musique. On pouvait les écouter sur les places des foires ou dans les châteaux des seigneurs. Il y avait aussi dans les rues de la ville le crieur public qui annonçait les nouvelles au son du tambour et du cri : « Oyez, oyez, braves gens ! ».

Il a fallu attendre le XVIIIe siècle pour commencer à voir apparaître des journaux sur papier et la fin du XXe siècle pour les publier sur Internet.

Piste 61

Seigneurs, beaucoup de conteurs
vous ont raconté beaucoup d'histoires :
l'enlèvement d'Hélène par Pâris,
le malheur et la souffrance qu'il en a retirés ;
les aventures de Tristan
d'après le beau récit de la Chèvre,
des fabliaux et des chansons de geste.
On raconte aussi dans ce pays
l'histoire d'Yvain et de sa bête.
Cependant, jamais vous n'avez entendu raconter
la terrible guerre
entre Renart et Isengrin,
une guerre terriblement longue et acharnée.
Ces deux barons, en vérité,
n'avaient jamais pu se souffrir ;
ils s'étaient souvent, c'est vrai,
battus et bagarrés.
J'en viens à mon histoire.
Apprenez donc l'origine
de leur querelle et de leur différend,
la raison et le sujet
de leur discorde.

Le Roman de Renart
Texte établi et traduit par Jean Dufournet et Andrée Méline
GF-Flammarion, 1985, Tome 1, p. 209.

La rue Kétanou
Piste 62   *Sur les chemins de la bohème*

Comme les trouvères de l'époque, les chanteurs vont de ville en ville sur les chemins de la bohème comme le raconte le groupe français La rue Kétanou...

[...]

Sur les chemins de la bohème
J'ai parlé des langues étrangères
Mes pas poursuivaient un poème
Je me suis lavé à l'eau de mer
Avant de chanter des mots en l'air
Sur des musiques vagabondes

Sur les chemins de la bohème
On m'a chouravé ma guitare
Un vieil homme m'a donné la sienne
En me racontant son histoire
Et je lui dédierai cet air
A l'autre bout du bout du monde

Paroles : Florent Vintringer, Olivier Leite.
Musique : Olivier Leite
En attendant les vacances
© Salut O' Production, 2000

ALEX LEROC, journaliste

L'ange gardien

Christian Lause
Difusión
Barcelone, 2005

À ton avis, que s'est-il passé ?
Qui est ce mystérieux personnage ?
Envoie un courriel à
redaction@quartierlibre.com

Le journaliste de L'Avis, Alex Leroc, se trouve à Perpignan pour des raisons personnelles, mais son journal lui demande d'enquêter sur un mystérieux personnage, l'Ange.

Après le dîner, je sors, je marche dans le centre de la ville, je passe de nouveau à côté du centre commercial, je marche le long de la rivière.

C'est vraiment très joli, Perpignan.

Soudain j'entends des cris, des menaces. Je regarde et je vois qu'un jeune homme est poursuivi par d'autres jeunes. Il s'arrête au bord de la rivière et leur dit :

— Si vous approchez, je la jette dans la rivière.

— Si tu jettes la came[1], on te tue.

C'est mon jour de chance : l'Ange apparaît derrière eux, avec sa cape. Il ne porte pas de masque mais un foulard pour se dissimuler le visage. Sans dire un mot, il fait un geste pour que le jeune homme lui donne le paquet. Le jeune homme obéit à l'ordre de l'Ange, mais les voyous, eux, s'approchent de l'Ange pour l'attaquer.

L'Ange évite toutes les attaques et, grâce à quelques gestes acrobatiques très efficaces, il décourage définitivement les agresseurs qui préfèrent s'en aller.

___

1 Familier : drogue.

NOTRE PORTFOLIO

GRAND CONCOURS D'HISTOIRES MYSTÉRIEUSES

Nous allons écrire une histoire mystérieuse, réelle ou imaginaire, et nous allons ensuite la raconter au reste de la classe. La meilleure histoire remportera le premier prix.

1 Formez des groupes de 3 ou 4 élèves.

2 Chaque groupe choisit un sujet.

3 Chaque groupe peut discuter des histoires mystérieuses qu'il connaît soit par ses lectures soit par des films.

4 Votre histoire doit avoir un début, un développement, c'est-à-dire 2 ou 3 épisodes ou actions, et une fin.
Il faut définir :

• une époque, des moments de la journée
• les lieux, des décors
• des personnages, quelques aspects physiques et psychologiques
• des situations et des actions
• la structure/évolution de l'histoire : le début, des épisodes et une fin
• les recours (dialogues, narrations...)
• les illustrations qui l'accompagnent

5 Chaque groupe présente son histoire au reste de la classe. Celle qui recevra le plus de voix sera la meilleure.

6 On affichera toutes les histoires dans la salle de classe.

POUR CRÉER L'ATMOSPHÈRE DE L'HISTOIRE, VOUS POUVEZ...

✓ enregistrer des bruits, de la musique...
✓ vous déguiser, mettre un masque...

IL VOUS FAUT

✓ du papier
✓ des crayons
✓ un dictionnaire

L'avenir nous le dira

NOTRE PORTFOLIO

Dans cette unité, nous allons...
faire un poster en donnant des conseils pour notre avenir.

Nous allons apprendre :

- à parler de l'avenir
- à demander et donner des conseils
- à discuter des problèmes de l'environnement
- à imaginer notre avenir

Et pour cela nous allons utiliser :

- le futur
- l'expression de la cause : **parce que, car**
- l'expression du souhait : **je voudrais, j'aimerais...**
- l'expression du conseil : **il faut, c'est important de...**
- l'expression du doute : **je suppose que, ça dépend...**
- les indicateurs de temps du futur : **dans vingt ans, un jour, quand j'aurai 21 ans**

1. L'avenir de notre belle planète

1 Comment imaginez-vous la vie sur Terre dans trente ans ?

A. Voici l'opinion de différentes personnes sur l'avenir de la planète. Lis ces textes, puis, à deux, associez chacune des opinions à un dessin.

• *À notre avis, le dessin C, qui montre la goutte d'eau et le robinet, se rapporte au texte 7.*

1 À mon avis, on pourra regarder directement la télé sur les portables.

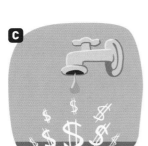

2 Je crois que les gens vivront facilement jusqu'à cent ans.

3 On trouvera des carburants écologiques et le pétrole n'intéressera plus personne.

4 J'imagine que les ours blancs n'existeront plus.

5 Je pense que les billets et les pièces disparaîtront. On paiera avec notre portable.

6 Le chinois sera obligatoire à l'école. Et les films seront tous en version originale.

7 L'eau sera probablement un produit rare et cher.

8 On découvrira sûrement le traitement contre des maladies comme le sida ou le cancer.

9 Je crois que l'avenir ne sera pas très différent: il y aura plus de technologie, mais les gens continueront à s'aimer, à travailler, à sortir avec leurs amis...

B. Relisez les affirmations. Avec quelles idées êtes-vous d'accord ? Pourquoi ? À votre avis, que se passera-t-il ?

• *Moi, je suis d'accord avec l'idée n° 4 parce que...*

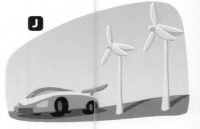

10 Avec le changement climatique, les températures seront très différentes. On cultivera de nouvelles plantes.

C. Observez les formes verbales utilisées dans ces phrases. C'est le futur simple de l'indicatif. À deux, complétez ce tableau. Comment se forme ce temps ?

savoir apprendre

FUTUR	INFINITIF	FORMATION
les ours existeront	exister	exister + ont
les gens vivront	vivre	...
...	...	...

2 Soignons notre planète !

A. Voici quelques-uns des problèmes de la Terre. À deux, associez un dessin à chaque problème. Trouvez une conséquence possible parmi la liste proposée.

A. Si on continue à construire en bord de mer,...

1 LA BANQUISE FONDRA

C. Si nous n'utilisons pas les transports en commun,...

2 LES PARCS NATURELS DISPARAÎTRONT

3 LES EMBOUTEILLAGES CONTINUERONT

4 LES DÉCHETS S'ACCUMULERONT

5 LES FONDS MARINS SERONT DÉTRUITS

D. Si nous ne recyclons pas...

B. Si les pays riches ne luttent pas contre le réchauffement climatique,...

E. Si nous ne protégeons pas les mers et les océans,...

B. À deux, dites quels sont, selon vous, les trois problèmes les plus urgents ou les plus graves de la planète ?

• Le plus urgent, c'est................... car ....

 C. Écris quatre phrases pour décrire certains problèmes de la planète en utilisant des éléments pris dans les deux listes.

SI + présent, futur

Si on n'économise pas le papier, les forêts disparaîtront.

Si on n'économise...	le bois
Si on gaspille...	l'eau
Si on développe...	le plastique
Si on utilise...	le papier
Si on réduit...	les énergies renouvelables
Si on épuise...	le chauffage
Si on continue à...	la consommation
	le respect pour la nature
	les ressources naturelles

On a besoin de...

Exprimer une condition

Si nous **prenons** le bus ou le train, la pollution **diminuera**.
Si tu **regardes** les films en version originale, tu **apprendras** plus vite.

Classer des priorités

Le plus grave, c'est la pollution des océans.

Le plus urgent, c'est de protéger les forêts.

Exprimer la cause

● **Pourquoi** l'Amazonie est-elle en danger ?
○ Elle est en danger **parce que** les hommes coupent des milliers d'arbres tous les ans.
● Et c'est grave ?
○ Oui, **car** les arbres produisent de l'oxygène !

Le futur

infinitif + terminaisons
RECYCLER
Je recycler**ai**
Tu recycler**as**
Il/elle/on recycler**a**
Nous recycler**ons**
Vous recycler**ez**
Ils/elles recycler**ont**

J'utiliserai moins de papier.

Tu chercheras l'info sur Internet ?

On inventera de nouveaux médicaments.

Nous penserons à réduire la consommation d'eau.

Vous prendrez le bus demain?

Et les baleines ? **Elles survivront** ?

AVOIR → j'**aur**ai
ÊTRE → je **ser**ai
ALLER → j'**ir**ai

6 | 2. Nos amis les animaux

3 | Animaux en danger

Planetefutur@ est un magazine en ligne qui permet de tout savoir sur les espèces disparues ou en voie de disparition.

Cette année encore, l'Union mondiale pour la nature (UICN) a allongé la liste rouge des espèces animales et végétales en voie d'extinction (un mammifère sur quatre, un amphibien sur trois, un oiseau sur huit).
Dans cinquante ans, 15 à 50% des espèces animales et végétales auront disparu de la surface de la Terre. Les scientifiques parlent de la sixième grande crise de disparition d'espèces depuis que la vie est apparue sur notre planète. L'homme en est le premier responsable et la liste est longue : gazelles, éléphants, hippopotames, lynx, aigles, tigres, pandas, requins blancs, crapauds dorés, salamandres, vautours, gorilles, etc.
Depuis février 2002, la France, l'Italie et Monaco ont créé un sanctuaire pour les mammifères marins en Méditerranée : il permet la survie de quelque 1 000 baleines et 25 000 dauphins bleus et blancs, sans oublier les petits cétacés et les cachalots. C'est une des initiatives mises en place pour protéger la diversité animale.

A. Classe les animaux du texte selon leur habitat naturel.

● *Les dauphins, les baleines, les requins vivent dans ...*

B. Il y a des animaux en danger dans ton pays ? Lesquels ? tu connais leur nom en français ? Trouve trois espèces qui risquent de disparaître et essaye de dire pourquoi.

C. À deux, participez au forum de Planetefutur@ et imaginez une association de protection de la nature. Précisez de quels animaux vous vous occupez et quel slogan vous utilisez pour sensibiliser les gens.

LE CRAPAUD DORÉ
Il mesure à peine 5 cm et vit en Amérique centrale.

L'OURS BRUN
Il peut mesurer 3 m. Ils sont environ 200 000 dans le monde entier.

LA BALEINE BLEUE
Elle mesure de 26 à 30 m et pèse 190 tonnes. Elle est victime de la chasse.

Notre association s'appelle ....
On s'occupe de la protection de ....
Pour éviter leur disparition, il faut ....
Pour participer ....
Notre slogan : ....

4 Voici un ami très spécial

Vent est mon meilleur ami. Il est très affectueux et je vais le voir tous les week-ends. On part dans la forêt se promener de longues heures.

Flash est très vieille. C'est un cadeau de ma grand-mère. Elle dévore les salades et elle passe son temps dans le jardin.

Gégé, il est très amusant. Quand il veut, il s'approche pour venir manger des graines et des petits morceaux de carottes. Il adore les caresses, comme un chat. Quand il dort, il fait des bruits bizarres.

A. Tu connais le nom de ces animaux en français ? À deux, donnez trois informations sur chacun d'entre eux. Utilisez le dictionnaire si nécessaire.

B. Tu as (ou tu aimerais avoir) un animal domestique chez toi ? Lequel ?

- J'ai un chien. C'est un boxer, mais j'aimerais aussi avoir un oiseau.
- Moi, je n'ai pas d'animal à la maison…

C. Faites une liste des animaux de compagnie les plus populaires de la classe, puis apportez des photos et présentez-les sur un poster.

Nom	Animal domestique préféré
…	…

5 Bien choisir son animal de compagnie

A. Lis les conseils de ce vétérinaire. Écris toutes les formes utilisées pour donner un conseil.

🐾 Avant de choisir un animal, tu dois te renseigner sur son mode de vie, ses caractéristiques, la façon de le soigner.

🐾 Il faut faire ce choix en fonction de l'endroit où tu habites. De nombreux animaux (par exemple, le chien) ont besoin d'espace. Dans ce cas, il doit y avoir un jardin, un parc ou une forêt à proximité.

B. Tu es d'accord avec tous ces conseils ? Numérote-les du plus important (1) au moins important (7).

Pistes 64-66

C. Écoute ces conversations. De quel animal parlent ces personnes ? À la fin de chaque situation, acceptent-elles de prendre l'animal à la maison ?

On a besoin de…

Donner des conseils

Il faut (absolument) promener le chien tous les jours.
Un chien **doit** courir à l'extérieur.
C'est important de jouer avec lui.
Il vaut mieux décider avec toute la famille.

Pense à l'espace que tu as pour ton animal !

N'oublie pas de lire des informations sur mon mode de vie.

Futurs irréguliers

Si tu viens en France,
    tu **devras** prendre ta carte d'identité.
    tu **pourras** visiter mon village.
    tu **viendras** chez moi.
    tu **verras** mon chien.
    tu **feras** des choses nouvelles.
    tu **iras** à la plage avec mes cousins.

🐾 Il est important de penser au temps que tu vas passer avec lui : si tu en as peu, il vaut mieux avoir un poisson ou une tortue.

🐾 Il vaut mieux parler avec toute la famille et être d'accord sur le choix de l'animal. C'est un nouveau membre dans la maison et la tout le monde en est responsable.

🐾 Avant de faire ton choix, vérifie que personne n'est allergique, pour éviter les problèmes.

🐾 Tu dois aussi bien calculer le prix total de ton achat : l'animal, le matériel nécessaire, la nourriture, les vaccins… Comme ça tu éviteras les mauvaises surprises.

🐾 Choisis bien ton animal car vous passerez beaucoup de temps ensemble et ce sera un très bon ami !

6

3. Mes projets, mon futur

6 **Tu veux connaître ton avenir ?**

A. Lis chaque carte, puis, à deux, faites des prédictions sur l'avenir de cette bande d'amis. Dites où ils habiteront, quelle sera leur profession ou comment ils occuperont leur temps libre.

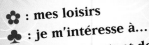

- ♣ : mes loisirs
- ♣ : je m'intéresse à…
- ✪ : c'est important de…

- • À mon avis, Yoann habitera dans une grande ville. Il sera journaliste. Il travaillera pour un magazine scientifique où il fera des interviews et écrira des articles.

SONIA :
- ♣ : l'aérobic et la piscine
- ♣ : la physique, la chimie, les nouvelles découvertes
- ✪ : manger équilibré et développer les aliments biologiques

YOANN :
- ♣ : le basket
- ♣ : l'informatique et les robots
- ✪ : connaître l'actualité

BÉATRICE :
- ♣ : les langues étrangères
- ♣ : les voyages et le cinéma asiatique
- ✪ : continuer les recherches archéologiques

THÉO :
- ♣ : le VTT en forêt
- ♣ : les reptiles
- ✪ : recycler et laisser propres les espaces naturels

STÉPHANE :
- ♣ : la photographie et le cirque
- ♣ : les ONG
- ✪ : lutter contre le racisme

Pistes 67-71

B. Ces amis vont chez une voyante. Écoute ce qu'elle leur raconte et complète le tableau. Ses prédictions ressemblent-elles aux vôtres ?

Piste 72

C. Écoute maintenant leur réaction. Sont-ils d'accord avec la voyante ? Complète la dernière colonne du tableau par oui ou non.

	LIEU	PROFESSION	TEMPS LIBRE	D'ACCORD ?
Yoann		informatique		
Béatrice				
Théo				
Sonia				
Stéphane			association clown	

D. Réalise une carte avec trois points importants sur toi-même. Donne-la à l'un de tes camarades qui devra te faire trois prédictions. Tu es d'accord avec ces prédictions ?

Je pense que tu seras…   Et tu habiteras…
Tu t'occuperas de…   Tu auras…

7 Ça dépend...

A. Lis cet article. Qui semble le plus sûr de ces trois jeunes ? Comment le sais-tu ? Fais un tableau en deux colonnes, l'une pour les phrases qui expriment le doute et l'autre la conviction.

QUAND J'AURAI 30 ANS

Rebelles ou conformistes ? Écologie ou nouvelles technologies ? Ville ou campagne ? Du temps pour les loisirs ou à fond boulot ? Comment se voient-ils à 30 ans ? Nous avons rencontré trois lycéens pour savoir comment ils imaginent leur avenir professionnel et personnel. Voici ce qu'ils nous ont répondu.

Alexandra

La question surprend **Alexandra** : « Oh la la ! Quand j'aurai 30 ans ? Je crois que je serai coiffeuse. Mais je change souvent d'avis. J'imagine que je travaillerai dans un autre pays, pour voir comment on vit en Angleterre ou en Espagne, par exemple. Je ne sais pas si je me marierai. J'aimerais avoir des enfants, mais tout ça, c'est difficile à imaginer pour le moment ! »

À côté d'elle, se trouve **Nicolas**. À la même question, le garçon semble avoir les idées plus claires. Il nous parle de ses projets. « Moi, c'est sûr, je ferai une fac de bio et après, je serai vétérinaire. J'adore les animaux et les sciences depuis tout petit. Je pense que je travaillerai à la campagne. Me marier ? Euh... on verra bien, j'ai encore le temps ! »

Nicolas

Mais ces opinions ne reflètent pas vraiment celles de la majorité des jeunes d'aujourd'hui. En général, à cet âge, on ne sait pas souvent ce que l'on veut faire après les études. Quand ils répondent à des questions sur leur avenir, les adolescents expriment très souvent leurs doutes : « Je sais pas... », « Ça dépend... », « Peut-être... », « Je suppose... ».

Voici ce que répond **Miriam** quand on lui pose la question. « Mes parents et mes professeurs me posent souvent cette question. Mon avenir ? Aucune idée ! Je ne sais même pas ce que je veux faire l'année prochaine, alors, après le lycée... je n'en sais rien. Ça dépend de beaucoup de choses ! Je crois que je me déciderai au dernier moment. »

Miriam

Pour les ados, l'avenir, c'est demain, la semaine prochaine, ou peut-être la fin de l'année scolaire. « L'autre futur », quand ils seront adultes, c'est bien trop loin !

> ### Un peu de français familier
> **le boulot** = le travail
> **la fac** = la faculté, l'université
> **la bio** = la biologie

B. Et toi, après le collège ou le lycée, que voudras-tu faire ? Quel métier tu feras ? Qu'est-ce que tu continueras à faire ? Qu'est-ce qui sera différent ? Tu te marieras ? Tu auras des enfants ? Parle avec ton voisin, puis avec toute la classe.

• *Quand j'aurai 19 ans, je ferai des études de bio à la fac. Et puis, j'espère que je monterai un groupe de rock avec des copains...*

On a besoin de...

Exprimer un souhait

J'aimerais	vivre dans un village.
Je voudrais	voyager pour mon travail.
J'espère	continuer à jouer de la guitare.

💡 ***J'espère que** je travaillerai dans la mode.*

Les indicateurs de temps au futur

Quand elle sera adulte, **Un jour**, **Dans** quinze ans / quelques années L'année / la semaine **prochaine**,	Miriam trouvera un métier intéressant.

Degrés de certitude

● Tu crois que tu te marieras, toi ?

○ Oui, | **je pense je crois je suppose j'imagine** | **que** je me marierai.

○ Je me marierai **peut-être, ça dépend.**

○ **Je ne sais vraiment pas** si je me marierai.
○ **Aucune idée**.

4. Conseils et décisions

8 Conseil de famille

A. Lis les messages laissés par des adolescents. À deux, retrouvez les différents problèmes. Comment demandent-ils des conseils aux lecteurs ? Complétez le tableau.

Quelle profession tu veux choisir ?

Quel avenir professionnel pour vos enfants ?

Parents-Ados pas d'accord ? Parlons-en !

1 > Dans ma famille, on est médecin de génération en génération et mon père n'est pas d'accord avec mon projet d'avenir : je voudrais être cuisinier. J'adore ce métier depuis que je suis tout petit. **C'est** la création de nouvelles recettes **qui** me fascine. Comment je peux convaincre mon père ? Lucas

2 > Je suis grande, blonde, mince et sportive. Ma mère et mes amis me disent que je devrais penser à me lancer dans la mode, les photos... Mais moi, je veux être avocate et j'aimerais commencer mes études à l'université l'année prochaine. **C'est** une idée **que** ma mère trouve absurde. Pourquoi personne ne comprend ? Qu'est-ce que je peux faire ? Vanessa

3 > J'ai eu un accident de moto et je suis en fauteuil roulant. Avant mon accident, je jouais dans l'équipe régionale de basket, à un très haut niveau de compétition. Le sport, **c'est** la seule activité **qui** me motive vraiment et je veux continuer à m'entraîner tous les jours dans un club. Je suis sûr que j'arriverai aux Jeux paralympiques. Mes parents pensent que c'est trop difficile. Qu'est-ce que je dois leur dire pour les faire changer d'avis ? Jean

4 > Je suis une personne TRÈÈÈÈS timide. Mais je veux apprendre à chanter et à danser pour travailler dans des comédies musicales. Mon père n'est pas d'accord. Il pense que je ne suis pas capable d'y arriver et que ce n'est pas un « vrai » travail. Il préfère le métier de secrétaire par exemple (**c'est** une profession **que** je ne trouve pas très passionnante). Quelqu'un est dans la même situation ? Juliette

B. À deux, choisissez une de ces personnes et donnez-lui trois conseils.

C. Et toi, tu as expliqué à tes parents tes projets d'avenir ? Ils sont d'accord ? Ils ont d'autres idées pour toi ?

- *Moi, j'ai dit à mes parents : j'aimerais être chauffeur de bus, et ils sont d'accord.*

	J'ai un problème avec...	Je veux être ...	Il(s) pense(nt) que le mieux c'est de...
Lucas	mon père		
Vanessa			
Jean			abandonner mon idée
Juliette			

D. Relis les textes. Observe bien les phrases avec les structures **c'est ... que** et **c'est ... qui**. Essaie de dire comment on les emploie. Quel type de mots trouve-t-on après chaque pronom ? Dans ta langue, comment construit-on des phrases qui mettent en relief une information ?

9 Donne-moi un conseil

A. Écris sur un papier une phrase en utilisant une de ces formes.

Donne-moi un conseil pour...
Qu'est-ce que je peux faire pour... ?
Qu'est-ce qu'on doit faire pour... ?

B. Fais circuler ton papier dans la classe. Chaque élève va te répondre par un conseil. Toi aussi, tu vas écrire des conseils sur les papiers que tu vas recevoir.

C. À la fin, formez des groupes et faites une sélection des cinq meilleurs conseils que vous afficherez en classe.

Qu'est-ce que je peux faire pour m'amuser le week-end ?

Qu'est-ce qu'on doit faire pour économiser l'eau ?

Qu'est-ce qu'il faut faire pour avoir de bonnes notes?

On a besoin de...

L'emploi de *c'est ... qui* et *c'est... que*

C'est la musique **qui** m'intéresse.

Chanteur ? **C'est** un métier **qui** est difficile.

C'est le rock **que** je préfère.

C'est une chanson **que** je connais en français.

Demander/donner un conseil

Qu'est-ce que je peux faire pour	
Qu'est-ce que je dois faire pour	progresser en français ?
Qu'est-ce que tu me conseilles pour	

● À mon avis, **tu devrais** t'entraîner à parler en classe.
○ **Tu pourrais** avoir un correspondant français.
■ **Ce serait bien d'**aller en France de temps en temps.

10 Les nasales

Piste 73

A. Écoute les mots suivants et coche la colonne s'ils contiennent une voyelle nasale.

1 danger	X
2 baleine	
3 demain	
4 deviner	
5 profession	
6 entraîner	
7 vraiment	
8 animaux	

Piste 74

B. Tu vas écouter douze mots que tu as vus dans l'unité. Quelles nasales entends-tu ? Écris les mots dans la boule de cristal qui correspond.

Des **sons** et des **lettres**

Journée
mondiale
de la **Terre**
22 avril

22 avril :
Journée mondiale de la Terre

Cet évènement a été célébré pour la première fois le 22 avril 1970. Le jour de la Terre est aujourd'hui l'événement environnemental le plus important au monde.

L'idée est née aux États-Unis dans les milieux universitaires : les étudiants ont proposé des projets pour sensibiliser l'opinion publique.

Aujourd'hui, le jour de la Terre est célébré, à travers le monde, par plus de 500 millions de personnes dans 184 pays.

Et dans ton pays, il y a des manifestations, des expositions ou des projets dans les écoles ce jour-là ?

Que veulent dire ces expressions ?

A — Être doux comme un agneau

B — Faire l'autruche

C — Chercher la petite bête

D — Faire un froid de canard

E — Être copains comme cochons

F — Avoir une mémoire d'éléphant

G — Dormir comme une marmotte

H — Avoir des fourmis dans une main (un pied, un bras, une jambe, etc.)

I — Manger du lion

1. **Une personne toujours très douce et gentille.**
2. **Avoir une très bonne mémoire.**
3. **Une personne qui ne veut pas voir la réalité en face.**
4. **Se sentir plein d'énergie et de force.**
5. **Quelqu'un qui cherche le détail qui crée problème.**
6. **Sentir des picotements.**
7. **Un temps glacial.**
8. **Des amis très proches.**
9. **Quelqu'un qui dort beaucoup.**

poème de nasales

La dinde et le poussin s'en vont prendre un bain.
Dans quel bassin sont-ils en train de plonger ?
Dans un grand bol de parfum.
Humm ! Ça sent bon !

LES CÉLÉBRITÉS AU SERVICE DE LA PLANÈTE

J.-Y. Cousteau
Le célèbre commandant a consacré sa vie à l'exploration des fonds marins. À bord du bateau *La Calypso*, il a expliqué les richesses des océans et des mers aux futures générations.

Y.-A. Bertrand
Célèbre photographe français, il montre à travers ses expositions les beautés naturelles de la Terre. Il a fondé une association pour le développement durable et la protection de nos espaces naturels.

Sophie Marceau
Actrice française connue depuis qu'elle a seize ans, elle lutte pour la protection des animaux, et dénonce la chasse des phoques au Canada. Elle est également très active dans une association d'aide aux enfants hospitalisés.

Claire Keim
Cette jeune actrice se sent particulièrement concernée par la protection de la biodiversité et la disparition du requin blanc. Elle participe aussi à des associations de défense des Droits de l'homme et de l'enfant.

Bono
Connu pour être le chanteur du groupe U2, il est depuis longtemps très actif dans les associations pour un monde plus juste. Il mobilise les foules et les gouvernements contre le sida et la malaria, pour la protection de l'environnement ou le commerce équitable avec l'Afrique.

NOTRE PORTFOLIO

NOTRE AVENIR

Nous allons créer un sketch. Trois personnes vont consulter une voyante qui va leur parler de leur avenir.

1 Formez des groupes de 5. Chacun écrit sur un papier 5 prédictions bonnes et 5 mauvaises.

2 Mélangez tous les papier. Placez-les au centre de la table.

3 Choisissez qui, dans le groupe, aura le rôle de la voyante.

4 Jouez votre rôle : chaque client ira consulter la voyante pour connaître son avenir pour la semaine prochaine, dans un mois, dans deux ans...
La voyante utilise les papiers que vous avez écrits pour annoncer ses prédictions.

5 Répétez la scène. Vous pouvez auss vous enregistrer.

IL NOUS FAUT :

✓ des papiers
✓ des cartes, un foulard ou une boule de cristal
✓ un décor
✓ un magnétophone ou un caméscope

CONSEILS

Sur un poster, nous allons présenter des conseils pour notre avenir et des recommandations pour résoudre nos problèmes.

1 Choisis un thème de cette liste :
• des conseils pour régler les problèmes de la Terre ;
• des conseils pour bien s'occuper des animaux ;
• des conseils pour avoir de bonnes notes en cours ;
• des conseils pour réussir en amour ;
• des conseils pour...

2 Formez des groupes de 3 ou 4 personnes par thème.

3 Rédigez 10 conseils. Vous pouvez faire parler un animal, la planète...

4 Illustrez votre poster avec des photos, des coupures de magazines ou des dessins.

5 Montrez votre poster à toute la classe.

IL NOUS FAUT :

✓ des affiches cartonnées
✓ des feutres, des crayons
✓ des coupures de magazines

Maintenant tu sais...

Tu sais déjà faire beaucoup de choses !

Maintenant, nous allons rappeler ce que nous avons appris dans les unités 5 et 6. Par groupe de trois, complétez les affiches ci-dessous avec d'autres phrases. Pour cela, vous pouvez utiliser de grandes feuilles de couleur pour ensuite les coller sur le mur de la classe.

Raconter des événements passés

Hier, je suis allée au ciné avec mes copines.
Lundi, nous avons eu une interro en histoire.

Demander et donner des conseils

- À ton avis, qu'est-ce que je peux faire ?
- Tu devrais parler avec tes parents.

Écrire des textes courts

Le week-end dernier, j'ai perdu les clés de la maison, alors j'ai essayé de rentrer par la fenêtre, mais elle était fermée. Finalement, j'ai dû attendre mes parents.

Réagir à une histoire

- Alors, finalement, je suis parti !
- Ah bon ? Mais pourquoi ?
- Ben, en fait, je ne savais pas quoi faire...

Faire des prédictions

Dans 50 ans, il n'y aura plus de frontières en Europe.
Tu auras un métier passionnant et tu voyageras beaucoup.

Exprimer des souhaits

Moi, je voudrais devenir architecte.
J'espère qu'il viendra à ma fête d'anniversaire.

Exprimer une condition

Si tu fais un peu de sport, tu te sentiras mieux.
On coupera moins d'arbres si on recycle le papier.

Exprimer un doute

Alice ? J'imagine qu'elle arrivera plus tard.
Je ne sais pas si nous irons à ce concert, ça dépend.

2 Compréhension orale

Écoute et indique si les affirmations suivantes sont vraies ou fausses. Rétablis la vérité quand elles sont fausses.

Piste 76

	Vrai	Faux
Les policiers ont trouvé un chien dans un sac.		
Le chien est resté dans la consigne pendant 3 jours.		
C'est un barman de l'aéroport qui a informé la police.		
Il y avait du bruit dans le casier.		
Le chien avait des croquettes et de l'eau.		
Le chien était très malade.		
Les policiers n'ont pas trouvé les propriétaires du chien.		
Les propriétaires du chien étaient à Paris pendant 3 jours.		
Les propriétaires du chien ne voulaient pas payer plus cher pour emmener leur chien avec eux.		

3 Compréhension écrite

A. Après avoir lu cet article, indique quel titre convient le mieux ?

a. Des scientifiques sans imagination
b. Un carburant sorti des poubelles ? Et si ça marchait ?
c. Du Mali à Pékin en paramoteur

B. Complète le tableau avec les informations du texte. Attention, les informations ne sont pas toujours disponibles ; dans ce cas on écrira « on ne sait pas ».

Voyage	1	2
Départ	Angleterre	
Arrivée		Chine
Transport utilisé		
Carburant fabriqué avec		
Quantité de carburant nécessaire		
Kilomètres		

Environment

Leur idée fixe : promouvoir les biocarburants et chercher encore et toujours de nouvelles solutions aux problèmes du pétrole.

Deux aventuriers écologistes britanniques ont annoncé hier leur projet d'aller en Chine grâce à un « paramoteur » utilisant un carburant à base d'ordures. Aucun problème pour eux puisqu'ils sont déjà allés jusqu'au Mali avec un camion fonctionnant... au chocolat !

Pour faire les 7 200 km qui séparent l'Angleterre du Mali, ils ont eu besoin de 2 000 litres de leur biocarburant fabriqué à partir de beurre de cacao.

Ces ingénieurs, tous deux cinéphiles, ont certainement trouvé leur inspiration dans le film de Spielberg *Retour vers le futur* où le savant fou utilisait des ordures ménagères en guise de carburant !

Et c'est ici que la science-fiction et la technologie se rencontrent. Car, pour leur prochaine aventure vers la Chine, leur véhicule, un « paramoteur » (parapente avec moteur) utilisera un carburant expérimental à base de tout ce que l'on jette dans les poubelles. Selon leurs calculs, ils auront besoin d'environ 5 000 litres de carburant. Alors préparez vos poubelles !

Voici une belle aventure et un grand espoir pour notre planète, nous leur souhaitons donc bonne route et bonne chance à tous les deux !

4 Expression orale

Dialogues

À deux, choisissez un des sujets suivants et préparez le dialogue.

Sujet 1

Tu voudrais avoir un animal exotique (comme celui de cette photo par exemple) à la maison. Tes parents ne sont pas d'accord. Essaie de les convaincre.

Sujet 2

Un/e ami/e organise une fête chez lui/elle. Tu expliques à ton père/ ta mère comment sera la fête (date, invités, activités...) et tu lui demandes l'autorisation d'y aller et de dormir là-bas.

Sujet 3

Tes parents ne te laissent pas souvent sortir le week-end. Tu penses qu'ils ne te font pas confiance. Tu demandes conseil à un ami.

Sujet 4

Cette année, tes notes sont catastrophiques en anglais. Tu en parles avec un ami. Il te conseille.

Monologue

Dans les épreuves orales du DELF, on te demandera aussi de faire un monologue (tu parles seul sur un sujet qui te concerne). L'examinateur peut ensuite te poser des questions. Entraîne-toi avec un camarade !

① Explique où et comment tu as connu ton/ta meilleur/e ami/e.

② Explique où tu souhaites vivre plus tard et ce que tu feras.

5 Expression écrite

Réponds à ce courriel. Tu lui expliques comment tu iras chez elle, combien de temps tu resteras et ce que tu aimerais faire avec elle pendant ton séjour chez elle. (80-100 mots)

Sujet 1

De : fiona233@wanadoo.fr
Copie :
Objet : super vacances !!!!!!!!
date de réception : 10 juin

Salut !!!
J'ai parlé à ma mère pour les vacances de cet été et elle est d'accord ! C'est super ! ☺☺☺ Elle dit que tu peux venir chez nous les deux premières semaines de juillet si tu veux ! C'est trop cool, je suis super contente !! ☺☺☺ Essaie de venir au moins 10 jours, comme ça on pourra faire plein de choses !
Dis-moi vite quand tu arriveras et où on doit aller te chercher. Et n'oublie pas de faire ta réservation !
Bises,
Fio

Test

6 Complète ces phrases avec une des trois propositions. Ensuite, compare tes réponses avec celles de ton voisin.

1 ● Dis Mamie, comment c'était l'école quand tu étais petite ?
○ Eh bien, nous .... à l'école à pied car il n'y .... pas de bus.

a allions / avait
b allions / a
c allons / a eu

2 La semaine prochaine, il y a une fête chez Estelle. Je .... dormir chez elle ?

a pouvais
b ai pu
c pourrai

3 Si on ne fait rien, ... vingt ans, les rivières seront trop polluées.

a quand
b dans
c ensuite

4 Si tu te .... bien, tu .... les examens sans problème.

a prépareras / réussis
b prépares / réussissais
c prépares / réussiras

5 Anthony a dix-sept ans. Dans vingt-cinq ans, il .... quarante-deux ans.

a aura
b avait
c a

6 ● Qu'est-ce que tu feras après tes études ?
○ .... voyager pendant six mois en Europe.

a Je crois
b J'espère que
c J'aimerais

7 La pollution .... si nous .... un vélo pour faire les petites distances.

a diminue / prenions
b diminuera / prendrons
c diminuera / prenons

8 Qu'est-ce que tu me conseilles pour être moins fatigué ?

a Ce serait bien d'aller te coucher tôt.
b Tu pourrais adopter un animal.
c Ce serait bien de faire un peu de grammaire.

9 ● Tu n'as pas entendu quand je t'ai appelé ? Tu étais où ?
○ Dehors, ... promener le chien.

a j'étais en train de
b je faisais
c je suis

10 ● Émilie ? C'est la fille .... est à côté de Mathias. Tu la vois ?
○ Ah oui !

a qui
b quoi
c que

11 Tu sais quoi ! Ce matin .... cinquante euros dans la rue !

a je trouverai
b j'ai trouvé
c je trouvais

12 ● Oh là là ! Il n'est pas en forme ton chat !
○ C'est vrai. .... appeler le vétérinaire.

a Il ne sait pas
b Il doit aussi
c Il vaut mieux

13 À mon avis, dans trente ans, les voitures .... plus besoin de pilote.

a n'avaient
b n'auront
c n'ont

14 ● Mon chien semble triste. Qu'est-ce que je peux faire ?
○ .... le sortir tous les jours.

a N'oublie pas
b Tu dois absolument
c Tu penses

15 Cette nuit, il y a eu une tempête terrible. J'............ seul à la maison, j'............ très peur toute la nuit.

a ai été / ai eu
b étais / ai eu
c étais / avais

16 ● Qu'est-ce que tu veux faire l'été prochain ?
○ .... je pourrai passer deux semaines chez ma cousine.

a J'espère
b J'espère que
c Je voudrais

17 ● Tu veux faire quel métier ?
○ ....

a Aucune idée !
b Peut-être.
c Je suppose que oui.

18 ● Finalement, ils sont partis quand ?
○ ....

a Demain.
b La semaine dernière.
c Lundi prochain.

19 Le week-end dernier, on .... une fête surprise à Alexis. Tous ses copains ...., il était super content.

a a fait / sont venus
b faisait / venaient
c a fait / venaient

20 C'est un groupe .... nous aimons beaucoup.

a qui
b quoi
c que

Précis
grammatical

L'ALPHABET PHONÉTIQUE

Voyelles orales

[a]	Marie [maʀi]
[ɛ]	fait [fɛ] / frère [fʀɛʀ] / même [mɛm]
[e]	étudier [etydje] / les [le] / vous avez [vuzave]
[ə]	le [lə]
[i]	Paris [paʀi]
[y]	rue [ʀy]
[ɔ]	robe [ʀɔb]
[o]	mot [mo] / cadeau [kado] / jaune [ʒon]
[u]	bonjour [bõʒuʀ]
[ø]	jeudi [ʒødi]
[œ]	sœur [sœʀ] / peur [pœʀ]

Voyelles nasales

[ã]	dimanche [dimãʃ] / vent [vã]
[ɛ̃]	intéressant [ɛ̃teʀesã] / impossible [ɛ̃pɔsibl]
[õ]	mon [mõ]
[œ̃]	lundi [lœ̃di] / un [œ̃]

Semi-consonnes

[j]	pieton [pjetõ]
[w]	pourquoi [purkwa]
[ɥ]	je suis [ʒəsɥi]

Consonnes

[b]	Bruxelles [bʀyksɛl] / abricot [abʀiko]
[p]	père [pɛʀ] / apprendre [apʀãdʀ]
[t]	tableau [tablo] / attendre [atãdʀ]
[d]	samedi [samdi] / addition [adisjõ]
[g]	gâteau [gato] / langue [lãg]
[k]	quel [kɛl] / crayon [kʀejõ] / accrocher [akʀɔʃe] / kilo [kilɔ]
[f]	fort [fɔʀ] / affiche [afiʃ] / photo [fɔto]
[v]	ville [vil] / avion [avjõ]
[s]	français [fʀãsɛ] / silence [silãs] / passer [pase] / attention [atãsjõ]
[z]	maison [mezõ] / zéro [zero]
[ʃ]	chat [ʃa]
[ʒ]	jupe [ʒyp] / géographie [ʒeɔgrafi]
[m]	maman [mamã] / grammaire [gʀamɛʀ]
[n]	bonne [bɔn] / neige [nɛʒ]
[ɲ]	Espagne [ɛspaɲ]
[l]	lune [lyn] / intelligent [ɛ̃teliʒã]
[ʀ]	horrible [ɔʀibl] / mardi [maʀdi]

Des **sons** et des **lettres**

Consonnes
Voyelles orales
Semi-consonnes
Voyelles nasales

QUELQUES CONSEILS POUR PRONONCER LE FRANÇAIS

Les consonnes en position finale

En général, on ne prononce pas les consonnes en fin de mot.

gran**d**	[gʀɑ̃]
peti**t**	[pəti]
ils aim**ent**	[ilzɛm]

Le e en position finale

En général, on ne prononce pas le **e** en fin de syllabe ou en fin de mot.

Nous app**e**lons le docteur. [nuzaplɔ̃lədɔktœʀ]
la tabl**e** [latabl]

Le **e** final permet de prononcer la consonne qui le précède.

grand [gʀɑ̃] / gran**de** [gʀɑ̃**d**]

Les voyelles nasales

Pour prononcer les voyelles nasales, on essaie de faire passer l'air par le nez ! Comme quand on se pince le nez ou qu'on imite une personne enrhumée.

jard**in** [ʒaʀdɛ̃] / mais**on** [mezɔ̃] / gr**an**d [gʀɑ̃]

Le son [y]

On peut réaliser ce son en plaçant les lèvres en avant comme pour prononcer un **u** mais en prononçant **i**.

une r**u**e
il a v**u**

L'accent tonique

En français, l'accent tonique est toujours placé à la fin du mot ou du groupe de mots.

Elle est allée à Toulon.
J'adore le ciné**ma.**
Sa famille est péruvienne.

La liaison

Quand un mot commence par une voyelle et que le mot précédent finit par une consonne, on doit très souvent unir les deux. On dit qu'on « fait la liaison ».

Les‿élèves

ils‿ont

Nous‿allons‿à Nice.

 *Dans certains cas, le **h** empêche la liaison.*

Les héros des films gagnent toujours.

 *Après **et**, on ne fait jamais de liaison.*

Marie et Amélie vont au cinéma.

Le son [ʃ]

un **ch**apeau
un pa**ch**a
une tâ**ch**e

Précis grammatical

LES ACCENTS

En français, on peut trouver deux ou trois accents sur un seul mot.

téléphone [telefɔn], préférée [pʀefeʀe], élève [elɛv]

L'accent aigu (´)

Il se place seulement sur le **e**.
Dans ce cas, le **e** se prononce [e].

café [kafe], musée [myze], poésie [poezi], mathématiques [matematik]

L'accent grave (`)

Il se place sur le **e**, le **a** et le **u**.
Sur le **a** et sur le **u**, il sert à distinguer un mot d'un autre.

a (verbe avoir) / **à** (préposition)

Il **a** un chien. / Il habite **à** Toulouse.

la (article défini) / **là** (adverbe de lieu)

la sœur de Cédric / Mets-le **là**.

où (pronom relatif et interrogatif) / **ou** (conjonction de coordination)

Tu habites **où** ? / Blanc **ou** noir ?

Sur le **e**, il indique que cette voyelle est ouverte [ɛ].

m**è**re [mɛʀ], myst**è**re [mistɛʀ]

L'accent circonflexe (^)

Il se place sur toutes les voyelles sauf le **y**.
Comme l'accent grave, il sert à éviter la confusion entre certains mots.

sur (préposition) / **sûr** (adjectif)

Le livre est **sur** la table. / Tu es **sûr** qu'il vient ?

Sur le **e**, il se prononce [ɛ].

fen**ê**tre [fənɛtʀ], t**ê**te [tɛt]

Le tréma (¨)

On trouve le tréma (¨) sur les voyelles **e** et **i** pour indiquer que la voyelle qui les précède doit être prononcée séparément.

cano**ë** [kanɔe], égo**ï**ste [egɔist]

COMPTER DE *0* À *2000* ET AU-DELÀ

De *0* à *69*

0	**zéro**	17	**dix-sept**
1	**un**	18	**dix-huit**
2	**deux**	19	**dix-neuf**
3	**trois**	20	**vingt**
4	**quatre**	21	**vingt et un**
5	**cinq**	22	**vingt-deux**
6	**six**	23	**vingt-trois**
7	**sept**	24	**vingt-quatre**
8	**huit**	25	**vingt-cinq**
9	**neuf**	26	**vingt-six**
10	**dix**	27	**vingt-sept**
11	**onze**	28	**vingt-huit**
12	**douze**	29	**vingt-neuf**
13	**treize**	30	**trente**
14	**quatorze**	40	**quarante**
15	**quinze**	50	**cinquante**
16	**seize**	60	**soixante**

De *70* à *99*

70	**soixante**-dix	85	**quatre-vingt**-cinq
71	**soixante**-et-onze	86	**quatre-vingt**-six
72	**soixante**-douze	87	**quatre-vingt**-sept
73	**soixante**-treize	88	**quatre-vingt**-huit
74	**soixante**-quatorze	89	**quatre-vingt**-neuf
75	**soixante**-quinze	90	**quatre-vingt**-dix
76	**soixante**-seize	91	**quatre-vingt**-onze
77	**soixante**-dix-sept	92	**quatre-vingt**-douze
78	**soixante**-dix-huit	93	**quatre-vingt**-treize
79	**soixante**-dix-neuf	94	**quatre-vingt**-quatorze
80	**quatre-vingts**	95	**quatre-vingt**-quinze
81	**quatre-vingt**-un	96	**quatre-vingt**-seize
82	**quatre-vingt**-deux	97	**quatre-vingt**-dix-sept
83	**quatre-vingt**-trois	98	**quatre-vingt**-dix-huit
84	**quatre-vingt**-quatre	99	**quatre-vingt**-dix-neuf

De *100* à *1000*

100	**cent**	1000	**mille**
101	**cent** un	1001	**mille** un
110	**cent** dix	2000	deux **mille**
200	deux **cents**	etc.	
201	deux **cent** un		
etc.			

 *On écrit **cent** sans s sauf pour...*

*deux cent**s** / trois cent**s** / quatre cent**s** / cinq cent**s** / six cent**s** / sept cent**s** / huit cent**s** / neuf cent**s***

LES NOMS DE PROFESSIONS

Les professions, comme les adjectifs, s'accordent en genre et nombre.

	masculin	féminin
singulier	avocat infirm**ier** informatic**ien** act**eur** coiff**eur**	avocat**e** infirm**ière** informatic**ienne** act**rice** coiffe**use**
pluriel	avocat**s** infirmier**s** informaticien**s** acteur**s** coiffeur**s**	avocat**es** infirm**ières** informaticien**nes** act**rices** coiffeu**ses**

 Certaines professions n'ont pas une forme spécifiquement féminine. C'est souvent le cas de celles qui ont été pendant longtemps exercées par des hommes et qui maintenant le sont autant par les hommes que par les femmes.

> ***un / une*** *journaliste*
> ***un / une*** *architecte*
> ***un / une*** *sociologue*

*D'autres prennent de plus en plus souvent un **e** final pour indiquer le féminin. Cette tendance est généralisée en français du Québec et l'est un peu moins en français de France.*

> ***un*** *écrivain /* ***une*** *écrivaine*
> ***un*** *professeur /* ***une*** *professeure*

- ● *C'était qui* Gauguin ?
- ○ *C'était un* peintre.
- ● *Qu'est-ce qu'elle fait* ta sœur ?
- ○ *Elle est* chimiste.

SITUER DANS LE PRÉSENT

Le présent

On emploie le présent pour parler d'actions habituelles qui se passent au moment où on parle ou pour parler du futur.

Les verbes en -er

Il existe de très nombreux verbes en **-er**. Les nouveaux verbes font partie de ce groupe (**informatiser**, **chatter**, **robotiser**, etc.). La majorité de ces verbes ont une conjugaison régulière à partir d'un seul radical qu'on appelle aussi **base**.

> **PRÉPARER**
> je   **prépare**
> tu   **prépares**
> il/elle/on **prépare**
> nous   **préparons**
> vous   **préparez**
> ils/elles   **préparent**

 Les terminaisons **-e/-es/-e/-ent** *ne se prononcent pas. Le verbe a la même prononciation pour ces quatre formes.*

 Quelques particularités :
*- Le verbe **aller** est irrégulier (voir Conjugaison).*
*- Il ne faut pas oublier le **i** du radical des verbes en **-ier** (**étudier** = j'étud**i**e, tu étud**i**es, ...).*

- Si un verbe commence par une voyelle ou un **h** (**aimer**, **habiter**), on apostrophe **je** : **j'**.

- À l'oral, le pronom **tu** devient souvent **t'** devant une voyelle. À l'écrit, on n'apostrophe pas **tu**, mais il est courant de le faire pour transposer la langue orale, comme dans les bandes dessinées, par exemple.

> **T'**as quel âge ? (= **Tu** as quel âge ?)
> **T'**es d'où ? (= **Tu** es d'où ?)

- Si le radical termine par **c** ou **g**, il s'écrit **ç** ou **ge** devant la terminaison **-ons** pour en maintenir la prononciation.

> **COMMENCER**
> Nous commen**ç**ons

> **MANGER**
> Nous man**ge**ons

- Certains verbes en **-er** se conjuguent avec **deux bases** : appeler (appe**ll**-, appe**l**-), préférer (préf**èr**-, préf**ér**-), envoyer (env**oi**-, env**oy**-), acheter (ach**èt**-, ach**et**-) (voir Conjugaison).

Précis grammatical

Les autres verbes

Les autres verbes peuvent avoir deux ou trois bases et ont des terminaisons différentes.

Exemples de verbes à deux bases :

	FINIR	SORTIR	METTRE
je	fini -s	sor -s	met -s
tu	fini -s	sor -s	met -s
il/elle/on	fini -t	sor -t	met -
nous	finiss -ons	sort -ons	mett -ons
vous	finiss -ez	sort -ez	mett -ez
ils/elles	finiss -ent	sort -ent	mett -ent

Exemples de verbes à trois bases :

	PRENDRE	DEVOIR	VOULOIR
je	prend -s	doi -s	veu -x
tu	prend -s	doi -s	veu -x
il/elle/on	prend -	doi -t	veu -t
nous	pren -ons	dev -ons	voul -ons
vous	pren -ez	dev -ez	voul -ez
ils/elles	prenn -ent	doiv -ent	voul -ent

L'impératif

On emploie l'impératif pour donner des ordres ou des instructions, interdire ou conseiller, ainsi que pour faire une proposition.

> **Taisez-vous** et **écoutez** s'il vous plaît !
> **Branchez** l'appareil et **appuyez** sur la touche verte.
> **Ne faites pas** ça, s'il vous plaît !
> **Prends** un parapluie, il va pleuvoir.
> **Reprends** donc un peu de gâteau !

L'impératif se forme à partir du présent. Il y a seulement trois personnes et les pronoms sujets ne s'utilisent pas.

	Affirmation	Négation
ÉCOUTER (tu)	Écoute !	N'écoute pas !
PARTIR (nous)	Partons !	Ne partons pas !
BOIRE (vous)	Buvez !	Ne buvez pas !

 *Pour les verbes en **-er**, le **s** de la deuxième personne du singulier disparaît.*

Les verbes pronominaux à l'impératif.

	Affirmation	Négation
SE LEVER (tu)	Lève-**toi** !	Ne **te** lève pas !
S'ARRÊTER (nous)	Arrêtons-**nous** !	Ne **nous** arrêtons pas !
SE DÉPÊCHER (vous)	Dépêchez-**vous** !	Ne **vous** dépêchez pas !

 Quelques formes irrégulières.

ÊTRE	AVOIR
Sois sympa !	**N'aie pas** peur !
Soyons sympas !	**N'ayons pas** peur !
Soyez sympas !	**N'ayez pas** peur !

À la forme affirmative :
*- les pronoms se placent **après** le verbe.*

> Cette chemise te va à merveille. Achète-**la** !

*- on emploie, après le verbe, les pronoms toniques **moi** et **toi** à la place de **me** et **te**.*

> Dis-**moi** à quelle heure commence la fête.
> Allez, lève-**toi** ! C'est l'heure d'aller à l'école !

À la forme négative :
*- les pronoms se placent **avant** le verbe.*

> Ne **leur** dis rien !

*- **moi** et **toi** deviennent **me** et **te** respectivement.*

> Ne **me** dis pas qu'il vient !
> Ne **te** lève pas !

PARLER DANS LE PASSÉ

Pour parler d'un événement au passé, on peut utiliser le passé composé.

Le passé composé

On utilise le passé composé pour raconter des faits du passé.

On le forme avec **avoir** ou **être** (présent de l'indicatif) + participe passé.
La plupart des verbes se conjuguent avec **avoir**.

> **J'ai vu** un film sur un écrivain français.
> **Tu as visité** le Château de Versailles.
> **Il a neigé** dans ma région.
> **Nous avons visité** le musée du Louvre.
> **Vous avez vu** le dernier Astérix ?
> **Elles ont** beaucoup **aimé** Tunis.

Certains se conjuguent avec **être**. Dans ce cas, le participe passé s'accorde en genre et en nombre avec :
- tous les verbes réfléchis : **se réveiller, se lever, se souvenir, se perdre**…

> **Je me suis réveillé** à 8 heures ce matin.
> **Elle s'est perdue** dans la ville.

- tous les verbes de cette liste : **aller, venir, entrer, sortir, arriver, rester, partir, monter, descendre, tomber, naître, mourir, passer, retourner.**

> **Elle est partie** en vacances.
> **Nous sommes allées** à Rome.
> Toulouse-Lautrec **est mort** en 1901.
> Elles **sont restées** à la maison en août.
> Il **est tombé** mais il ne s'est pas fait mal.

Le participe passé

Tous les verbes en **-er** ont un participe passé en **-é**.

La terminaison des participes passés des verbes des autres groupes varie.

Voici quelques formes :

AVOIR	→	**eu**
COMPRENDRE	→	**compris**
DIRE	→	**dit**
ÊTRE	→	**été**
FAIRE	→	**fait**
NAÎTRE	→	**né**
OUVRIR	→	**ouvert**
POUVOIR	→	**pu**
SAVOIR	→	**su**
VENIR	→	**venu**
VOIR	→	**vu**

Formation de l'imparfait

On forme l'imparfait sur le radical de la **1ʳᵉ personne du pluriel du présent** à laquelle on ajoute les terminaisons **-ais, -ais, -ait, -ions, -iez, -aient** :

METTRE (présent : nous **mett**ons)

je	mett	**-ais**
tu	mett	**-ais**
il/elle/on	mett	**-ait**
nous	mett	**-ions**
vous	mett	**-iez**
ils/elles	mett	**-aient**

 *L'imparfait du verbe **être** : j'**ét**ais, tu **ét**ais, il/elle/on **ét**ait, nous **ét**ions, vous **ét**iez, ils/elles **ét**aient.*

Les emplois de l'imparfait

On emploie l'imparfait pour :

- parler d'une action habituelle dans le passé.

> Antoine **jouait** au foot tous les samedis.

Précis grammatical

- décrire une personne, un endroit ou une chose dans le passé.

> Rachida **était** grande, brune et très sympa.
> C'**était** un grand parc avec une belle fontaine.
> Cet outil **servait** à couper le gui.

 Dans un récit au passé, on combine souvent l'imparfait et le passé composé.

> Hier après-midi, comme il **faisait** très beau, ils **ont décidé** d'aller à la plage avec des copains.

SITUER DANS LE FUTUR

Le présent

On emploie le présent pour exprimer le futur, normalement accompagné d'expressions comme **tout de suite**, **dans**. Dans ce cas, c'est une notion future directement en rapport avec le présent.

> **Je viens** tout de suite.
> **On s'occupe** de vous dans un instant.

Le futur proche : *aller* au présent + infinitif

On emploi le futur proche quand on veut le mettre en rapport avec le moment présent. Il s'agit d'une intention, d'un projet ou d'une prévision. Il se forme avec **aller** au présent + infinitif.

> Demain, **je vais aller** au cinéma avec Jenny.
> Aurélien **ne va pas venir** avec nous.

Le futur simple

On emploie le **futur** pour parler de l'avenir, des situations ou événements futurs qui n'ont aucun rapport avec le présent.

> Demain, il **pleuvra** sur la moitié nord du pays.

Formation du futur

Pour les verbes réguliers : **infinitif** + **-ai**, **-as**, **-a**, **-ons**, **-ez**, **-ont**.

> La semaine prochaine, je partir**ai** en Belgique.
> Tu m'accompagner**as** pendant une semaine.
> On prendr**a** notre vieille voiture.
> Nous manger**ons** des moules-frites.
> Vous passer**ez** nous voir à Bruxelles ?
> Nos cousins nous inviter**ont** tous à manger.

 Les verbes en -eter, -ever, -ener, ou -eser redoublent la consonne ou prennent un accent grave devant le e muet : je me lèverai, j'achèterai, je jetterai...
Les verbes terminés en -re perdent le e :

> écri**re** ➞ j'**écri**rai
> comprend**re** ➞ je **comprend**rai

 Au futur simple, il n'y a pas de terminaison irrégulière. Par contre, certains verbes ont un radical différent. Il est le même pour toutes les personnes.

AVOIR	➞	j'**aur**ai
ÊTRE	➞	je **ser**ai
ALLER	➞	j'**ir**ai
DEVOIR	➞	je **devr**ai
ENVOYER	➞	j'**enverr**ai
FAIRE	➞	je **fer**ai
POUVOIR	➞	je **pourr**ai
SAVOIR	➞	je **saur**ai
VOULOIR	➞	je **voudr**ai
FALLOIR	➞	il **faudr**a*

__Falloir__ est un verbe impersonnel. On le conjugue seulement à la troisième personne du singulier.

LES ADVERBES DE MANIÈRE

Ce sont des mots invariables. Ils accompagnent un verbe et complètent le sens de la phrase.

On forme la plupart des adverbes à partir du féminin des adjectifs auquel on ajoute le suffixe **-ment**.

> lent ➞ lent**e** ➞ lente**ment**

Aux adjectifs qui ont une forme unique terminée en **-e**, on ajoute **-ment**.

> facile ➞ facile**ment**

 *Au passé composé, on place souvent l'adverbe entre **avoir/être** et le participe passé.*

> Nous **avons** facilement **trouvé** la gare.

LES VERBES PRONOMINAUX

Aux temps simples : présent, imparfait, futur simple

Se laver, se préparer, se doucher, s'appeler, ... sont des verbes pronominaux. Le sujet est accompagné d'un pronom personnel (**me, te, se, nous, vous, se**).

SE LAVER		S'HABILLER
je	**me** lave	**m'**habille
tu	**te** laves	**t'**habilles
il/elle/on	**se** lave	**s'**habille
nous	**nous** lavons	**nous** habillons
vous	**vous** lavez	**vous** habillez
ils/elles	**se** lavent	**s'**habillent

Au passé composé

On conjugue obligatoirement les verbes pronominaux avec l'auxiliaire **être**. Dans ce cas, on accorde généralement le participe passé avec le sujet.

SE LEVER	
je	**me suis levé(e)**
tu	**t'es levé(e)**
il/elle	**s'est levé(e)**
nous	**nous sommes levé(e)s**
vous	**vous êtes levé(e)(s)**
ils/elles	**se sont levé(e)s**

PROJETS ET INTENTIONS

Exprimer un souhait, une intention.

Je **voudrais** devenir vétérinaire.
J'**ai envie de** faire du théâtre.
Je **veux** acheter cette robe.
Je **vais** déménager à Paris.

RACONTER LES ÉTAPES D'UNE VIE

COMMENCER + nom : *commencer une nouvelle étape.*
CONTINUER + nom : *continuer son travail de recherche.*
ARRÊTER + nom : *arrêter sa carrière d'actrice.*

COMMENCER à + verbe : *commencer à s'entraîner.*
CONTINUER à + verbe : *continuer à jouer*
ARRÊTER de + verbe : *arrêter de chanter*

Vanessa Paradis **a commencé à** chanter très jeune.
Puis, elle **a continué** sa carrière dans le cinéma.
Et après quelques films, elle **a arrêté de** travailler pour s'occuper de ses enfants.

ORGANISER UN RÉCIT

Certains mots (indicateurs, connecteurs) permettent de mieux structurer et comprendre un récit.

Les indicateurs temporels

Pour se situer dans le temps

Un jour, il a décidé de partir en Afrique.
Hier, elle est restée au lit car elle était malade.
L'année dernière, nous avons fait du japonais.
Aujourd'hui, c'est dimanche. Tout est fermé.
En ce moment, les fruits sont très chers.
Maintenant vous pouvez voyager pour pas cher.
Demain, elle ira chercher ses amis à la gare.
La semaine prochaine, nous irons voir mamie.
Le week-end prochain, nous allons skier.
Quand Adrien aura son bac, il partira faire le tour du monde.
Dans dix ans, je travaillerai en Irlande.
Avant, ils aimaient parler de leurs voyages.
Après, j'ai regardé la télé.
Les bureaux sont fermés **entre** midi **et** 14 heures.
En France, l'école est obligatoire **jusqu'à** 16 ans.
En 1969, l'homme a marché sur la Lune.
Au XIX s., une lettre mettait des jours à arriver ; **actuellement,** avec le courriel, quelques secondes suffisent.

Pour organiser le récit dans le temps

Quand on raconte une histoire, qu'on rapporte des faits, etc., on peut utiliser :
- **d'abord** pour l'introduction,
- **ensuite, puis** pour le développement,
- **finalement, enfin, à la fin** pour la conclusion.

J'ai un super ami que j'ai rencontré sur le net. **D'abord,** on chattait de temps en temps. **Ensuite,** on a décidé de se voir avec d'autres copains. **À la fin,** on a décidé de partir ensemble en camping pendant les vacances d'été.

L'organisation de l'information

Pour ajouter des informations

Et aussi	Les Gaulois achetaient de l'huile **et aussi** du vin.
En plus	Chloé fait du théâtre et **en plus** elle prend des cours de chant.

Précis grammatical

Pour opposer des informations

Par contre
Les petites Gauloises travaillaient avec leurs mères, **par contre** les garçons allaient à la chasse avec les hommes.

Au contraire
Fred adore faire du roller, sa copine **au contraire** préfère le volley.

Pour conclure

En résumé, ils ont des goûts vraiment différents.

Bref, Fred et sa copine n'ont aucun point commun.

Voilà !

POUR COMPARER

Comparer des époques, des habitudes, des préférences

Avant on voyageait beaucoup moins, mais **après,** avec l'apparition des premières autos, les habitudes ont changé.

Maintenant on ne fume plus dans les restaurants, **avant** c'était possible.

Avant Hugo aimait beaucoup les BD, **maintenant** il préfère les romans d'aventure.

Comparer des qualités

On a besoin des adjectifs qualificatifs et des mots qui marquent le degré de la comparaison.

Le superlatif absolu
très + adjectif

Manon est **très** élégante.

Les comparatifs
plus + adjectif + **que**

Bastien est **plus** grand **que** son copain.

moins + adjectif + **que**

Maéva est **moins** sportive **que** sa sœur.

 Le/la même / les mêmes

Amia et Hélène ont **le même** anorak.
la même couleur de cheveux.
les mêmes sacs.
Elles sont **pareilles**. Elles **se ressemblent beaucoup**.

LA NÉGATION

Les négations **ne** ... **pas (encore)**, **ne** ... **jamais** encadrent le verbe conjugué.

Ne ... pas

● Émilie et Matéo **ne** sont **pas** frère et sœur ?
○ Mais non ! Ils sont cousins !

Ne ... pas encore

● Tu as déjà rencontré ton professeur de musique ?
○ Non, je **ne** le connais **pas encore**.

Ne ... jamais

● Vous voulez un café ?
○ Non merci. Je **ne** bois **jamais** de café le soir.

 Au passé composé, on place le deuxième élément de la négation entre l'auxiliaire et le participe passé.

Je **ne** suis **jamais** allé en Inde.
Matéo **n'**a **pas** fait ses devoirs.

 *En français standard, à l'oral (sauf dans des exposés ou des discours), mais aussi à l'écrit (textos, courriels amicaux, chats), le **ne** de la négation est souvent omis.*

Je ∅ le connais **pas**.
Ils ∅ sont **pas** frère et sœur.
Je ∅ bois **jamais** de café le soir.

IL Y A / IL N'Y A PAS / IL MANQUE

Pour indiquer l'existence de quelque chose, on peut utiliser **il y a**.

Cette forme impersonnelle sert pour le singulier et le pluriel.

Dans cette ville il y a **beaucoup de** voitures.
assez de / suffisamment de bus.
peu de voitures.
plusieurs hôtels.
une pharmacie.
deux boulangeries.
Ici, il y a **trop de** bruit.
Ici, il n'y a **aucun** bruit.

Pour indiquer l'absence de quelque chose, on peut utiliser **il n'y a pas**, **il manque**.

> Dans notre quartier, **il n'y a pas de** gymnase.
> **pas d'**hôtel.
> **aucun** lycée.
> **aucune** école.
>
> Dans notre collège, **il manque** une piscine.

*En français standard, surtout à l'oral (mais aussi dans la BD ou dans un chat), **il y a** devient **y'a**.*

> ● **'Y a** un exam de maths samedi ?
> ○ Mais non, **y' a pas** d'exam ! Ce sera l'autre samedi ! Qui t'as dit ça ?

ÊTRE EN TRAIN DE + INFINITIF

Pour indiquer le cadre dans lequel se déroule un fait, on peut employer la construction **être** (au présent ou à l'imparfait) + **en train de/d'** + infinitif.

> j'**étais**
> tu **étais**
> il/elle/on **était**   **lire**
> nous **étions**   + **en train de** + **parler**
> vous **étiez**   **manger**
> ils/elles **étaient**

> ● Et quand le facteur **a sonné**, qu'est-ce que tu **étais en train de faire** ?
> ○ Eh bien, **j'étais en train de lire**.

Les pronoms accompagnent toujours le verbe à l'infinitif.

> J'étais en train de **me** préparer pour sortir, quand Odile est arrivée.

CE QUE

Ce que permet de reprendre un groupe de mots.

> ● Qu'est-ce que tu aimes faire le week-end ?
> ○ **Ce que** j'aime, moi, c'est faire du sport et sortir avec les amis.

> **C'est** la musique **qui** m'intéresse**.**
>
> Chanteur ? **C'est** un métier **qui** est difficile**.**
>
> **C'est le** rock **que** je préfère**.**
>
> **C'est une** chanson **que** je connais en français**.**

LES PRONOMS

Les pronoms compléments d'objet direct (COD) : *me, te, le, la, nous, vous, les*

On utilise les pronoms COD pour éviter une répétition. Ils permettent de remplacer un nom de chose ou de personne déjà mentionné dans la conversation ou le texte. Ils se placent normalement avant le verbe conjugué (sauf à l'impératif).

	me/m'	
	te/t'	
	le/la/l'	voit (pas).
Elle (ne)	nous	écoute (pas).
	vous	
	les	

Les pronoms compléments d'objet indirect (COI) : *me, te, lui, nous, vous, leur*

Les pronoms COI s'utilisent comme les pronoms COD. Un complément est indirect quand il est introduit par une préposition. Il répond à la question **À qui ?**

> ● Tu as parlé **à** ton professeur ?
> ○ Oui, je **lui** ai parlé ce matin.

	me /m'	
	te/t'	
	lui	dit (pas) la vérité.
Elle (ne)	nous	explique pas tout.
	vous	
	leur	

Précis grammatical

Le pronom *y*

Le pronom **y** remplace un lieu auquel on a déjà fait référence dans la conversation ou dans le texte. Il évite la répétition de ce nom.

- Vous allez **à la piscine** à quelle heure ?
- On **y** va vers 15 h. Tu veux venir avec nous ? (**y** = à la piscine)

- Marie Curie est née **en Pologne**, non ?
- Oui, mais elle n'**y** a pas vécu longtemps. Elle a passé sa vie en France. (**y** = en Pologne)

DONNER SON AVIS

Il existe de nombreuses expressions pour donner son avis.

À mon avis,
Je crois que   c'est très intéressant.
Je pense que

- Alex, tu as aimé ce film ?
- Oui, **ça m'a semblé** très bien.
  j'ai trouvé ça pas mal.
- Non, **c'était** complètement nul.

- Tu as écouté ce CD ?
- Oui, **j'ai adoré**.
  j'ai beaucoup aimé.
  j'ai bien aimé.

- Vous avez visité l'expo de reptiles au zoo ? Elle est super, non ?
- Oh la la ! Moi, **je n'ai pas du tout aimé.**
  j'ai détesté !

DEMANDER ET DONNER UN CONSEIL

- **Qu'est-ce que je peux faire** ?
  Qu'est-ce que tu me conseilles pour bien choisir un métier ?

- **Tu dois** étudier régulièrement.
  Il faut absolument trouver tes points d'intérêts.
  C'est important de connaître tes points forts.
  Il vaut mieux parler plusieurs langues.
  Ce serait bien de voyager un peu.

Le verbe **devoir** implique que l'action est personnelle, nécessaire, obligatoire.

Il faut/c'est important de/ il vaut mieux sont des obligations plus générales ou des recommandations impersonnelles.

EXPRIMER UNE CONDITION

Si + présent + verbe au futur (phrase principale)
+ verbe au présent (phrase principale)

Si nous protégeons les forêts, l'air que **nous respirerons** sera plus propre.

Si tu veux un chien, **tu dois** le sortir tous les jours pour le promener.

LA CAUSE ET LE BUT

Parce que / Car

On peut employer **parce que** et **car** pour exprimer une cause.

- ● Pourquoi tu pleures ?
- ○ **Parce que** je me suis disputé avec ma sœur. Elle pense qu'elle a raison **parce qu**'elle est plus grande.

- ● Tu as parlé avec tes parents ?
- ○ Oui. Mon père ne veut pas entendre parler d'études de cinéma **car** il pense que ce n'est pas assez sérieux.

Pour

On peut employer **pour** pour exprimer le but.

- ● Pourquoi tu veux apprendre le français ?
- ○ **Pour** étudier un an là-bas, à Rennes ou à Nice.

L'INTERROGATION

Poser une question

Pour poser une question, on peut utiliser :

L'intonation

Tu parles français ?

 Cette forme est la plus employée à l'oral et dans certains écrits (B.D., courriels, etc.).

L'inversion

- du sujet (registre soutenu, surtout à l'écrit ou dans les discours). On place le sujet après le verbe avec un trait d'union.

Excusez-moi monsieur, parlez-vous français ?

- du mot interrogatif (registre familier, surtout oral).

Tu vas **où** ?

 *On n'inverse pas **pourquoi**.*

~~Tu ris pourquoi ?~~

On dit :

***Pourquoi** ris-tu ? / **Pourquoi** tu ris ?*

 ***Que** devient **quoi**.*

***Que** fais-tu ?* → *Tu fais **quoi** ?*

Est-ce que [ɛskə]

On peut utiliser **est-ce que** seul...

Est-ce que tu viens ?

ou avec un mot interrogatif.

Où est-ce que tu vas ?
Comment est-ce que tu t'appelles ?
Qu'est-ce que tu fais ?

 *L'interrogation avec **est-ce que**, la non inversion sujet-verbe et l'interrogatif placé après le verbe sont les formes les plus fréquentes, surtout à l'oral et dans l'échange écrit informel (chat, courriel, etc.).*

Les mots interrogatifs

- ● **Qui** est ce garçon sur la photo ?
- ○ C'est mon cousin.

- ● **Que** veux-tu boire ?
- ○ Un jus d'orange, s'il te plaît.

- ● **Où** habitez-vous ?
- ○ À Poitiers.

- ● **Comment** s'appelle ton chien ?
- ○ Citto.

- ● **Quand** est l'examen ?
- ○ Mardi prochain.

- ● **Pourquoi** tu es fâché ?
- ○ Parce que j'ai eu une mauvaise note en maths.

- ● **Combien** coûte ce jeu vidéo ?
- ○ 15 euros.

Précis grammatical

- **Quel** est son nom ?
- ○ Léa.

- **Quelle** est sa nationalité ?
- ○ Belge.

- **Quels** sont ses sports préférés ?
- ○ Le football et le tennis.

- **Quelles** sont ses activités favorites ?
- ○ Chatter sur Internet et sortir avec ses amies.

 Quel, quels, quelle, quelles se prononcent [kɛl].

LES PREPOSITIONS

Les prépositions changent selon le complément.
Une même préposition peut introduire des notions différentes.

à / au	J'habite **à Madrid**. Je vais **à l'école**. Lisbonne se trouve **au Portugal**.
	● **À** qui est cette jupe ? ○ **À** Danielle.
aux	Sa famille va passer l'été **aux États-Unis**.
avec	Tu pars en vacances **avec ta famille** ?
sans	Chez moi, j'ai un téléphone **sans fil.**
chez	J'achète les pommes de terre **chez Marcel**.
	Je rentre **chez moi**. Ma voiture est **chez le mécanicien.**
dans	**Dans mon collège**, il y a une bibliothèque. Je mets du sucre **dans mon café**.
de	Je viens **de Lyon**. Je viens **de l'école**. C'est le livre **de Pierre**. On lui a offert un vélo **de course.**
en	J'habite **en Espagne**. Elle va passer ses vacances **en Équateur**. Je voyage **en train**. Nous sommes **en hiver**. Pour la fête, prends des verres **en plastique !**
pour	Le petit cadeau est **pour mon frère.**

RESSOURCES POUR COMMUNIQUER

Autoriser et interdire

Les animaux sont **acceptés**.
Animaux **autorisés**

Il est interdit d'entrer avec un animal.
Interdiction d'entrer avec un animal
Ne pas entrer avec un animal
Animaux **interdits**

Degrés de certitude

● Tu crois que tu te marieras, toi ?

○ Oui, | **je pense**
je crois
je suppose
j'imagine | **que** je me marierai.

○ Je me marierai **peut-être, ça dépend**.

○ **Je ne sais vraiment pas** si je me marierai.
○ **Aucune idée**.

Attirer l'attention, exprimer la surprise, inviter...

Attirer l'attention

Pardon, excusez-moi ! Vous avez l'heure s'il vous plaît ?
Dites-moi !
Dis donc ! Arrête de faire le clown !
Mais voyons, faites moins de bruit !

Donner quelque chose

Tiens, prends ça !

La surprise ou le doute

Tiens ! T'es là, toi ?
Tiens, tiens... c'est vrai ça ?

Faisons la route ensemble!

Parler de l'aspect physique

Comment il/elle est ?
Il/elle a les cheveux courts : **il/elle s'est fait** couper les cheveux.
Il/elle a les cheveux longs : **il/elle a laissé** pousser ses cheveux.

Il/elle a maigri / grossi / grandi.

Il/elle porte des lunettes / des lentilles de contact.

Décrire un objet

Les formes

Elle est **comment** ta table ?
Elle est   **carrée**.
           ronde.
    rectangulaire.
    petite.
    grande.

Précis grammatical

La matière

Il est **en quoi** ton sac ?
Il est **en papier**.
    en tissu.
    en plastique.
Elle est **en quoi** cette boîte ?
Elle est **en métal**.
    en bois.

Sans / à / de

un téléphone **sans** fil
une valise **à** roulettes
un sac **de** voyage

Les couleurs

● **De quelle couleur est** ta valise ?
○ Elle est **bleue**.

Dis, ça sert à quoi ça ?

À faire parler les curieux !

Un peu de français familier

Le français familier contenu dans les unités appartient à la langue courante, aussi bien des adolescents que des adultes. Il est très employé dans la langue de tous les jours. Il présente de nombreuses particularités, lexicales, syntaxiques et phonétiques.

Voici quelques exemples.

ouais = oui
les gars = les copains
c'est cool ! = c'est génial !
c'est trop bon ! = c'est délicieux !
c'est trop nul ! = ce n'est absolument pas intéressant.
c'est vachement original ! = c'est très original
cet après-m' = cet après-midi
le boulot = le travail
la fac = la faculté, l'université
la bio = la biologie

Tu devient **t'** devant une voyelle.

t'as raison = tu as raison

Le **ne** de la négation disparaît.

● **Tu viens ou tu ∅ viens pas avec nous** ?
○ Non, j' ∅ ai pas envie d'aller à la plage.

Conjugaison

Conjugaison

Entre parenthèses, nous vous indiquons le participe passé du verbe. L'astérisque * à côté de l'infinitif indique que ce verbe se conjugue avec l'auxiliaire **ÊTRE**.

AVOIR
(eu)

PRÉSENT DE L'INDICATIF	IMPÉRATIF	PASSÉ COMPOSÉ
J' ai		J' ai eu
Tu as	Aie	Tu as eu
Il/Elle/On a		Il/Elle/On a eu
Nous avons	Ayons	Nous avons eu
Vous avez	Ayez	Vous avez eu
Ils/Elles ont		Ils/Elles ont eu

ÊTRE
(été)

PRÉSENT DE L'INDICATIF	IMPÉRATIF	PASSÉ COMPOSÉ
Je suis		J' ai été
Tu es	sois	Tu as été
Il/Elle/On est		Il/Elle/On a été
Nous sommes	soyons	Nous avons été
Vous êtes	soyez	Vous avez été
Ils/Elles sont		Ils/Elles ont été

LES VERBES EN –ER

PARLER
(parlé)

PRÉSENT DE L'INDICATIF	IMPÉRATIF	PASSÉ COMPOSÉ
Je parle		J' ai parlé
Tu parles	Parle	Tu as parlé
Il/Elle/On parle		Il/Elle/On a parlé
Nous parlons	Parlons	Nous avons parlé
Vous parlez	Parlez	Vous avez parlé
Ils/Elles parlent		Ils/Elles ont parlé

SE LAVER*
(lavé)

PRÉSENT DE L'INDICATIF	IMPÉRATIF	PASSÉ COMPOSÉ
Je me lave		Je me suis lavé(e)
Tu te laves	Lave-toi	Tu t'es lavé(e)
Il/Elle/On se lave		Il/Elle/On s'est lavé(e)
Nous nous lavons	Lavons-nous	Nous nous sommes lavé(e)s
Vous vous lavez	Lavez-vous	Vous vous êtes lavé(e)(s)
Ils/Elles se lavent		Ils/Elles se sont lavé(e)s

Formes particulières

PRÉFÉRER
(préféré)

PRÉSENT DE L'INDICATIF	IMPÉRATIF	PASSÉ COMPOSÉ
Je préfère		J' ai préféré
Tu préfères	Préfère	Tu as préféré
Il/Elle/On préfère		Il/Elle/On a préféré
Nous préférons	Préférons	Nous avons préféré
Vous préférez	Préférez	Vous avez préféré
Ils/Elles préfèrent		Ils/Elles ont préféré

ACHETER
(acheté)

PRÉSENT DE L'INDICATIF	IMPÉRATIF	PASSÉ COMPOSÉ
J' achète		J' ai acheté
Tu achètes	Achète	Tu as acheté
Il/Elle/On achète		Il/Elle/On a acheté
Nous achetons	Achetons	Nous avons acheté
Vous achetez	Achetez	Vous avez acheté
Ils/Elles achètent		Ils/Elles ont acheté

APPELER
(appelé)

PRÉSENT DE L'INDICATIF	IMPÉRATIF	PASSÉ COMPOSÉ
J' appelle		J' ai appelé
Tu appelles	Appelle	Tu as appelé
Il/Elle/On appelle		Il/Elle/On a appelé
Nous appelons	Appelons	Nous avons appelé
Vous appelez	Appelez	Vous avez appelé
Ils/Elles appellent		Ils/Elles ont appelé

IMPARFAIT		FUTUR SIMPLE	
J'	avais	J'	aurai
Tu	avais	Tu	auras
Il/Elle/On	avait	Il/Elle/On	aura
Nous	avions	Nous	aurons
Vous	aviez	Vous	aurez
Ils/Elles	avaient	Ils/Elles	auront

Avoir *indique la possession. C'est aussi le principal verbe auxiliaire aux temps composés (ex. j'ai parlé, j'ai été, j'ai fait...).*

IMPARFAIT		FUTUR SIMPLE	
J'	étais	Je	serai
Tu	étais	Tu	seras
Il/Elle/On	était	Il/Elle/On	sera
Nous	étions	Nous	serons
Vous	étiez	Vous	serez
Ils/Elles	étaient	Ils/Elles	seront

Être *est aussi un verbe auxiliaire aux temps composés avec tous les verbes pronominaux (ex. : se lever, se taire, etc.) et certains autres verbes (ex. venir, arriver, partir, etc.).*

IMPARFAIT		FUTUR SIMPLE	
Je	parlais	Je	parlerai
Tu	parlais	Tu	parleras
Il/Elle/On	parlait	Il/Elle/On	parlera
Nous	parlions	Nous	parlerons
Vous	parliez	Vous	parlerez
Ils/Elles	parlaient	Ils/Elles	parleront

Les trois personnes du singulier et la 3e personne du pluriel se prononcent [paʀl] *au présent de l'indicatif et* [paʀlɛ] *à l'imparfait. Cette règle s'applique à tous les verbes en* ***-ER***.

IMPARFAIT		FUTUR SIMPLE	
Je	me lavais	Je	me laverai
Tu	te lavais	Tu	te laveras
Il/Elle/On	se lavait	Il/Elle/On	se lavera
Nous	nous lavions	Nous	nous laverons
Vous	vous laviez	Vous	vous laverez
Ils/Elles	se lavaient	Ils/Elles	se laveront

*En général, on doit faire l'accord entre le sujet et le participe passé aux temps composés quand le verbe est pronominal ou réfléchi : elle s'est levé****e*** *tard, nous nous sommes perdu****s***.

IMPARFAIT		FUTUR SIMPLE	
Je	préférais	Je	préférerai
Tu	préférais	Tu	préféreras
Il/Elle/On	préférait	Il/Elle/On	préférera
Nous	préférions	Nous	préférerons
Vous	préfériez	Vous	préférerez
Ils/Elles	préféraient	Ils/Elles	préféreront

IMPARFAIT		FUTUR SIMPLE	
J'	achetais	J'	achèterai
Tu	achetais	Tu	achèteras
Il/Elle/On	achetait	Il/Elle/On	achètera
Nous	achetions	Nous	achèterons
Vous	achetiez	Vous	achèterez
Ils/Elles	achetaient	Ils/Elles	achèteront

IMPARFAIT		FUTUR SIMPLE	
J'	appelais	J'	appellerai
Tu	appelais	Tu	appelleras
Il/Elle/On	appelait	Il/Elle/On	appellera
Nous	appelions	Nous	appellerons
Vous	appeliez	Vous	appellerez
Ils/Elles	appelaient	Ils/Elles	appelleront

La plupart des verbes en ***-eler*** *doublent leur* ***l*** *aux mêmes personnes et aux mêmes temps qu'****appeler*** *(ou* ***s'appeler****).*

Conjugaison

COMMENCER (commencé)	PRÉSENT DE L'INDICATIF		IMPÉRATIF	PASSÉ COMPOSÉ	
	Je	commence		J'	ai commencé
	Tu	commences	Commence	Tu	as commencé
	Il/Elle/On	commence		Il/Elle/On	a commencé
	Nous	commençons	Commençons	Nous	avons commencé
	Vous	commencez	Commencez	Vous	avez commencé
	Ils/Elles	commencent		Ils/Elles	ont commencé

MANGER (mangé)	PRÉSENT DE L'INDICATIF		IMPÉRATIF	PASSÉ COMPOSÉ	
	Je	mange		J'	ai mangé
	Tu	manges	Mange	Tu	as mangé
	Il/Elle/On	mange		Il/Elle/On	a mangé
	Nous	mangeons	Mangeons	Nous	avons mangé
	Vous	mangez	Mangez	Vous	avez mangé
	Ils/Elles	mangent		Ils/Elles	ont mangé

PAYER (payé)	PRÉSENT DE L'INDICATIF		IMPÉRATIF	PASSÉ COMPOSÉ	
	Je	paie		J'	ai payé
	Tu	paies	Paie	Tu	as payé
	Il/Elle/On	paie		Il/Elle/On	a payé
	Nous	payons	Payons	Nous	avons payé
	Vous	payez	Payez	Vous	avez payé
	Ils/Elles	paient		Ils/Elles	ont payé

ALLER* (allé)	PRÉSENT DE L'INDICATIF		IMPÉRATIF	PASSÉ COMPOSÉ	
	Je	vais		Je	suis allé(e)
	Tu	vas	Va	Tu	es allé(e)
	Il/Elle/On	va		Il/Elle/On	est allé(e)
	Nous	allons	Allons	Nous	nous sommes allé(e)s
	Vous	allez	Allez	Vous	êtes allé(e)(s)
	Ils/Elles	vont		Ils/Elles	sont allé(e)s

AUTRES VERBES

Ces autres verbes n'ont pas été rassemblés en 2e et 3e groupes mais par famille de conjugaison en fonction des bases phonétiques.

1 base

OFFRIR (offert)	PRÉSENT DE L'INDICATIF		IMPÉRATIF	PASSÉ COMPOSÉ	
	J'	offre		J'	ai offert
	Tu	offres	Offre	Tu	as offert
	Il/Elle/On	offre		Il/Elle/On	a offert
	Nous	offrons	Offrons	Nous	avons offert
	Vous	offrez	Offrez	Vous	avez offert
	Ils/Elles	offrent		Ils/Elles	ont offert

2 bases

CROIRE (cru)	PRÉSENT DE L'INDICATIF		IMPÉRATIF	PASSÉ COMPOSÉ	
	Je	crois		J'	ai cru
	Tu	crois	Crois	Tu	as cru
	Il/Elle/On	croit		Il/Elle/On	a cru
	Nous	croyons	Croyons	Nous	nous cru
	Vous	croyez	Croyez	Vous	avez cru
	Ils/Elles	croient		Ils/Elles	ont cru

VOIR (vu)	PRÉSENT DE L'INDICATIF		IMPÉRATIF	PASSÉ COMPOSÉ	
	Je	vois		J'	ai vu
	Tu	vois	Vois	Tu	as vu
	Il/Elle/On	voit		Il/Elle/On	a vu
	Nous	voyons	Voyons	Nous	nous vu
	Vous	voyez	Voyez	Vous	avez vu
	Ils/Elles	voient		Ils/Elles	ont vu

IMPARFAIT		FUTUR SIMPLE	
J'	commençais	Je	commencerai
Tu	commençais	Tu	commenceras
Il/Elle/On	commençait	Il/Elle/On	commencera
Nous	commencions	Nous	commencerons
Vous	commenciez	Vous	commencerez
Ils/Elles	commençaient	Ils/Elles	commenceront

 *Le **c** de tous les verbes en **-cer** devient **ç** devant **a** et **o**.pour mantenir la prononciation [s].*

IMPARFAIT		FUTUR SIMPLE	
Je	mangeais	Je	mangerai
Tu	mangeais	Tu	mangeras
Il/Elle/On	mangeait	Il/Elle/On	mangera
Nous	mangions	Nous	mangerons
Vous	mangiez	Vous	mangerez
Ils/Elles	mangeaient	Ils/Elles	mangeront

 *Devant **a** et **o**, on place un e pour maintenir la prononciation [ʒ] dans tous les verbes en **-ger**.*

IMPARFAIT		FUTUR SIMPLE	
Je	payais	Je	paierai
Tu	payais	Tu	paieras
Il/Elle/On	payait	Il/Elle/On	paiera
Nous	payions	Nous	paierons
Vous	payiez	Vous	paierez
Ils/Elles	payaient	Ils/Elles	paieront

 Variantes :
*- au présent de l'indicatif : **je paye**, **tu payes**, **il paye**, **ils payent**.*
*- à l'impératif : **paye**.*
*- au futur simple : **je payerai**, **tu payeras**, **il payera**, **ils payeront**.*

IMPARFAIT		FUTUR SIMPLE	
J'	allais	J'	irai
Tu	allais	Tu	iras
Il/Elle/On	allait	Il/Elle/On	ira
Nous	allions	Nous	irons
Vous	alliez	Vous	irez
Ils/Elles	allaient	Ils/Elles	iront

IMPARFAIT		FUTUR SIMPLE	
J'	offrais	J'	offrirai
Tu	offrais	Tu	offriras
Il/Elle/On	offrait	Il/Elle/On	offrira
Nous	offrions	Nous	offrirons
Vous	offriez	Vous	offrirez
Ils/Elles	offraient	Ils/Elles	offriront

 *Les verbes **couvrir**, **découvrir**, **ouvrir**... se conjuguent sur ce modèle.*

IMPARFAIT		FUTUR SIMPLE	
Je	croyais	Je	croirai
Tu	croyais	Tu	croiras
Il/Elle/On	croyait	Il/Elle/On	croira
Nous	croyions	Nous	croirons
Vous	croyiez	Vous	croirez
Ils/Elles	croyaient	Ils/Elles	croiront

IMPARFAIT		FUTUR SIMPLE	
Je	voyais	Je	verrai
Tu	voyais	Tu	verras
Il/Elle/On	voyait	Il/Elle/On	verra
Nous	voyions	Nous	verrons
Vous	voyiez	Vous	verrez
Ils/Elles	voyaient	Ils/Elles	verront

Conjugaison

CHOISIR (choisi)	PRÉSENT DE L'INDICATIF		IMPÉRATIF	PASSÉ COMPOSÉ	
	Je	choisis		J'	ai choisi
	Tu	choisis	Choisis	Tu	as choisi
	Il/Elle/On	choisit		Il/Elle/On	a choisi
	Nous	choisissons	Choisissons	Nous	avons choisi
	Vous	choisissez	Choisissez	Vous	avez choisi
	Ils/Elles	choisissent		Ils/Elles	ont choisi

CONNAÎTRE (connu)	PRÉSENT DE L'INDICATIF		IMPÉRATIF	PASSÉ COMPOSÉ	
	Je	connais		J'	ai connu
	Tu	connais	Connais	Tu	as connu
	Il/Elle/On	connaît		Il/Elle/On	a connu
	Nous	connaissons	Connaissons	Nous	avons connu
	Vous	connaissez	Connaissez	Vous	avez connu
	Ils/Elles	connaissent		Ils/Elles	ont connu

DIRE (dit)	PRÉSENT DE L'INDICATIF		IMPÉRATIF	PASSÉ COMPOSÉ	
	Je	dis		J'	ai dit
	Tu	dis	Dis	Tu	as dit
	Il/Elle/On	dit		Il/Elle/On	a dit
	Nous	disons	Disons	Nous	avons dit
	Vous	dites	Dites	Vous	avez dit
	Ils/Elles	disent		Ils/Elles	ont dit

ÉCRIRE (écrit)	PRÉSENT DE L'INDICATIF		IMPÉRATIF	PASSÉ COMPOSÉ	
	J'	écris		J'	ai écrit
	Tu	écris	Écris	Tu	as écrit
	Il/Elle/On	écrit		Il/Elle/On	a écrit
	Nous	écrivons	Écrivons	Nous	avons écrit
	Vous	écrivez	Écrivez	Vous	avez écrit
	Ils/Elles	écrivent		Ils/Elles	ont écrit

FAIRE (fait)	PRÉSENT DE L'INDICATIF		IMPÉRATIF	PASSÉ COMPOSÉ	
	Je	fais		J'	ai fait
	Tu	fais	Fais	Tu	as fait
	Il/Elle/On	fait		Il/Elle/On	a fait
	Nous	faisons	Faisons	Nous	avons fait
	Vous	faites	Faites	Vous	avez fait
	Ils/Elles	font		Ils/Elles	ont fait

LIRE (lu)	PRÉSENT DE L'INDICATIF		IMPÉRATIF	PASSÉ COMPOSÉ	
	Je	lis		J'	ai lu
	Tu	lis	Lis	Tu	as lu
	Il/Elle/On	lit		Il/Elle/On	a lu
	Nous	lisons	Lisons	Nous	avons lu
	Vous	lisez	Lisez	Vous	avez lu
	Ils/Elles	lisent		Ils/Elles	ont lu

PARTIR* (parti)	PRÉSENT DE L'INDICATIF		IMPÉRATIF	PASSÉ COMPOSÉ	
	Je	pars		Je	suis parti(e)
	Tu	pars	Pars	Tu	es parti(e)
	Il/Elle/On	part		Il/Elle/On	est parti(e)
	Nous	partons	Partons	Nous	sommes parti(e)s
	Vous	partez	Partez	Vous	êtes parti(e)(s)
	Ils/Elles	partent		Ils/Elles	sont parti(e)s

PERDRE (perdu)	PRÉSENT DE L'INDICATIF		IMPÉRATIF	PASSÉ COMPOSÉ	
	Je	perds		J'	ai perdu
	Tu	perds	Perds	Tu	as perdu
	Il/Elle/On	perd		Il/Elle/On	a perdu
	Nous	perdons	Perdons	Nous	avons perdu
	Vous	perdez	Perdez	Vous	avez perdu
	Ils/Elles	perdent		Ils/Elles	ont perdu

IMPARFAIT		FUTUR SIMPLE	
Je	choisissais	Je	choisirai
Tu	choisissais	Tu	choisiras
Il/Elle/On	choisissait	Il/Elle/On	choisira
Nous	choisissions	Nous	choisirons
Vous	choisissiez	Vous	choisirez
Ils/Elles	choisissaient	Ils/Elles	choisiront

Les verbes **finir**, **grandir**, **maigrir**... se conjuguent sur ce modèle.

IMPARFAIT		FUTUR SIMPLE	
Je	connaissais	Je	connaîtrai
Tu	connaissais	Tu	connaîtras
Il/Elle/On	connaissait	Il/Elle/On	connaîtra
Nous	connaissions	Nous	connaîtrons
Vous	connaissiez	Vous	connaîtrez
Ils/Elles	connaissaient	Ils/Elles	connaîtront

Tous les verbes en **-aître** se conjuguent sur ce modèle.

IMPARFAIT		FUTUR SIMPLE	
Je	disais	Je	dirai
Tu	disais	Tu	diras
Il/Elle/On	disait	Il/Elle/On	dira
Nous	disions	Nous	dirons
Vous	disiez	Vous	direz
Ils/Elles	disaient	Ils/Elles	diront

IMPARFAIT		FUTUR SIMPLE	
J'	écrivais	J'	écrirai
Tu	écrivais	Tu	écriras
Il/Elle/On	écrivait	Il/Elle/On	écrira
Nous	écrivions	Nous	écrirons
Vous	écriviez	Vous	écrirez
Ils/Elles	écrivaient	Ils/Elles	écriront

IMPARFAIT		FUTUR SIMPLE	
Je	faisais	Je	ferai
Tu	faisais	Tu	feras
Il/Elle/On	faisait	Il/Elle/On	fera
Nous	faisions	Nous	ferons
Vous	faisiez	Vous	ferez
Ils/Elles	faisaient	Ils/Elles	feront

La forme **-ai** dans **nous faisons**, ainsi qu'à toutes les personnes de l'imparfait et du futur simple se prononcent [ə].

IMPARFAIT		FUTUR SIMPLE	
Je	lisais	Je	lirai
Tu	lisais	Tu	liras
Il/Elle/On	lisait	Il/Elle/On	lira
Nous	lisions	Nous	lirons
Vous	lisiez	Vous	lirez
Ils/Elles	lisaient	Ils/Elles	liront

IMPARFAIT		FUTUR SIMPLE	
Je	partais	Je	partirai
Tu	partais	Tu	partiras
Il/Elle/On	partait	Il/Elle/On	partira
Nous	partions	Nous	partirons
Vous	partiez	Vous	partirez
Ils/Elles	partaient	Ils/Elles	partiront

Le verbe **sortir** se conjugue sur ce modèle.
Attention : **Sortir + COD** = **j'ai sorti** mon livre de mon sac à dos.

IMPARFAIT		FUTUR SIMPLE	
Je	perdais	Je	perdrai
Tu	perdais	Tu	perdras
Il/Elle/On	perdait	Il/Elle/On	perdra
Nous	perdions	Nous	perdrons
Vous	perdiez	Vous	perdrez
Ils/Elles	perdaient	Ils/Elles	perdront

Les verbes **attendre**, **entendre**, **répondre**... se conjuguent sur ce modèle.

Conjugaison

SAVOIR (su)	PRÉSENT DE L'INDICATIF		IMPÉRATIF	PASSÉ COMPOSÉ	
	Je	sais		J'	ai su
	Tu	sais	Sache	Tu	as su
	Il/Elle/On	sait		Il/Elle/On	a su
	Nous	savons	Sachons	Nous	avons su
	Vous	savez	Sachez	Vous	avez su
	Ils/Elles	savent		Ils/Elles	ont su

3 bases

BOIRE (bu)	PRÉSENT DE L'INDICATIF		IMPÉRATIF	PASSÉ COMPOSÉ	
	Je	bois		J'	ai bu
	Tu	bois	Bois	Tu	as bu
	Il/Elle/On	boit		Il/Elle/On	a bu
	Nous	buvons	Buvons	Nous	avons bu
	Vous	buvez	Buvez	Vous	avez bu
	Ils/Elles	boivent		Ils/Elles	ont bu

DEVOIR (dû)	PRÉSENT DE L'INDICATIF		IMPÉRATIF	PASSÉ COMPOSÉ	
	Je	dois		J'	ai dû
	Tu	dois	-	Tu	as dû
	Il/Elle/On	doit		Il/Elle/On	a dû
	Nous	devons	-	Nous	avons dû
	Vous	devez	-	Vous	avez dû
	Ils/Elles	doivent		Ils/Elles	ont dû

POUVOIR (pu)	PRÉSENT DE L'INDICATIF		IMPÉRATIF	PASSÉ COMPOSÉ	
	Je	peux		J'	ai pu
	Tu	peux	-	Tu	as pu
	Il/Elle/On	peut		Il/Elle/On	a pu
	Nous	pouvons	-	Nous	avons pu
	Vous	pouvez	-	Vous	avez pu
	Ils/Elles	peuvent		Ils/Elles	ont pu

VENIR* (venu)	PRÉSENT DE L'INDICATIF		IMPÉRATIF	PASSÉ COMPOSÉ	
	Je	viens		Je	suis venu(e)
	Tu	viens	Viens	Tu	es venu(e)
	Il/Elle/On	vient		Il/Elle/On	est venu(e)
	Nous	venons	Venons	Nous	sommes venu(e)s
	Vous	venez	Venez	Vous	êtes venu(e)(s)
	Ils/Elles	viennent		Ils/Elles	sont venu(e)s

VOULOIR (voulu)	PRÉSENT DE L'INDICATIF		IMPÉRATIF	PASSÉ COMPOSÉ	
	Je	veux		J'	ai voulu
	Tu	veux	Veuilles	Tu	as voulu
	Il/Elle/On	veut		Il/Elle/On	a voulu
	Nous	voulons	-	Nous	avons voulu
	Vous	voulez	Veuillez	Vous	avez voulu
	Ils/Elles	veulent		Ils/Elles	ont voulu

IMPARFAIT		FUTUR SIMPLE	
Je	savais	Je	saurai
Tu	savais	Tu	sauras
Il/Elle/On	savait	Il/Elle/On	saura
Nous	savions	Nous	saurons
Vous	saviez	Vous	saurez
Ils/Elles	savaient	Ils/Elles	sauront

IMPARFAIT		FUTUR SIMPLE	
Je	buvais	Je	boirai
Tu	buvais	Tu	boiras
Il/Elle/On	buvait	Il/Elle/On	boira
Nous	buvions	Nous	boirons
Vous	buviez	Vous	boirez
Ils/Elles	buvaient	Ils/Elles	boiront

IMPARFAIT		FUTUR SIMPLE	
Je	devais	Je	devrai
Tu	devais	Tu	devras
Il/Elle/On	devait	Il/Elle/On	devra
Nous	devions	Nous	devrons
Vous	deviez	Vous	devrez
Ils/Elles	devaient	Ils/Elles	devront

*L'impératif de **devoir** est inusité.*

IMPARFAIT		FUTUR SIMPLE	
Je	pouvais	Je	pourrai
Tu	pouvais	Tu	pourras
Il/Elle/On	pouvait	Il/Elle/On	pourra
Nous	pouvions	Nous	pourrons
Vous	pouviez	Vous	pourrez
Ils/Elles	pouvaient	Ils/Elles	pourront

***Pouvoir** n'a pas d'impératif.*

IMPARFAIT		FUTUR SIMPLE	
Je	venais	Je	viendrai
Tu	venais	Tu	viendras
Il/Elle/On	venait	Il/Elle/On	viendra
Nous	venions	Nous	viendrons
Vous	veniez	Vous	viendrez
Ils/Elles	venaient	Ils/Elles	viendront

IMPARFAIT		FUTUR SIMPLE	
Je	voulais	Je	voudrai
Tu	voulais	Tu	voudras
Il/Elle/On	voulait	Il/Elle/On	voudra
Nous	voulions	Nous	voudrons
Vous	vouliez	Vous	voudrez
Ils/Elles	voulaient	Ils/Elles	voudront

*Les formes à l'impératif sont peu usitées. On les trouve souvent dans des expressions : **Veuillez** trouver ci-joint (dans une lettre ou un courriel).*

Transcription des enregistrements

Piste 1 - Activité 1A
MATÉO ET ÉMILIE
La rentrée
Voix en off : C'est le mois d'août, les vacances se terminent et la rentrée approche. Le père de Matéo a trouvé un nouveau travail. Ils déménagent tous les deux dans une petite ville. En septembre, Matéo va aller dans un nouveau collège.

Père de Matéo – Tu vas voir, ça va bien se passer. C'est une petite ville très agréable.
Matéo – Pfff... j' vais plus voir mes copains, moi !
Père de Matéo – Mais tu connais quelqu'un au collège. Il y a ta cousine, Émilie !
Matéo – Ouais, mais c'est une gamine !
Père de Matéo – Tu crois ? Il y a longtemps que tu ne l'as pas vue, hein, mais elle a changé elle aussi, tu sais ?
Père de Matéo – Oui c'est ça, la rentrée c'est demain. Matéo ? euh.. il prépare ses affaires pour le collège... Attends, je l'appelle. Matéo, téléphone ! C'est ta grand-mère !
Matéo – Ouais, ouais, j'arrive, j'arrive !
Grand-mère – Et pour demain, Matéo, tu es prêt ?
Matéo – Oui, c'est bon. Mais j'ai pas envie d'aller au collège. Je connais personne, c'est c'est trop nul.
Grand-mère – Ne t'inquiète pas, vas ... ça va aller ! Et puis, y'a ta cousine.
Matéo – Ouais, ouais, je sais ouais.
Émilie – Salut Matéo ! C'est moi, ta cousine !
Matéo – Euh... Émilie ?
Émilie – Ben, ouais ! Dis, on peut se voir cet aprem' ?
Émilie – Eh les gars, je vous présente Matéo, mon cousin. Il est nouveau.
Tous ensemble – Salut !

Émilie – Et lui aussi, il aime le théâtre !
Amie – C'est cool ça ! On voudrait monter une troupe, ça t'intéresse ?
Matéo – Ah ouais, super ! / T'as raison, elle a changé, elle aussi !

Piste 2 - Activité 5
Tu connais cette actrice ?
Tu connais cette actrice.
Elle est très belle.
Elle est très belle?
Il joue vraiment mal ?
Il joue vraiment mal.
Tu as regardé le film ?
Tu as regardé le film.
Il aime ce feuilleton.
Il aime ce feuilleton ?

Piste 3 - Activité 6 B
1. Bonjour, je m'appelle Thomas, j'ai 18 ans et j'habite à la Croix-Rousse à Lyon avec mes parents. J'ai une petite sœur, Alice. Elle a 15 ans et elle fait aussi partie de l'association. Elle, elle est au lycée et moi je fais des études de sciences à l'université, ici à Lyon. Ce que j'aime le plus, c'est l'astronomie, sortir avec mes amis et le foot. Et aussi m'occuper de l'association.
Ce que j'aime le moins... euh... c'est ranger mes affaires, je suis assez désordonné ! Pendant mon temps libre, je passe beaucoup de temps à l'association et aussi à observer les étoiles. Mon rêve, ça serait de découvrir une nouvelle étoile! Mon caractère ? Je suis généralement assez calme mais dynamique aussi et j'ai beaucoup de patience.

Piste 4 - Activité 6 B
2. Salut, je m'appelle Alice, j'ai 15 ans et j'habite à Lyon, à la Croix-Rousse.

Ce que je préfère, c'est le cinéma, j'adore les films de science-fiction !

Je n'aime pas du tout me lever le matin parce que je me couche souvent tard et aussi parce que j'aime beaucoup dormir. J'habite chez mes parents, avec mon père, ma mère et mon grand frère, Thomas. Pendant mon temps libre, j'aime bien regarder des DVD et je m'occupe de l'association avec Thomas, Alexei et Sonia. On ouvre notre local, on organise les activités, on informe les gens, enfin, voilà quoi. Je suis une fille très sincère et directe, mais sympa aussi !

Piste 5 - Activité 6 B

3. Salut à tous ! Moi mon nom c'est Sonia, j'ai 16 ans et j'habite aussi à la Croix-Rousse, à Lyon. Ce que j'aime le plus, c'est danser, sortir avec mes amis et jouer à des jeux vidéos ! J'adore ça ! Et ce que je n'aime pas, c'est... les gens hypocrites et malhonnêtes. Je passe beaucoup de temps à *Bouge Ton Quartier* et souvent le soir je sors avec mes amis. On va au ciné, on boit un coup, ça dépend. Côté caractère, en général je suis très gaie et j'aime beaucoup rire. Et finalement, j'ai beaucoup de rêves comme faire le tour du monde par exemple !

Piste 6 - Activité 6 B

4. Bonjour, je m'appelle Alexei, j'ai 16 ans et j'habite à la Croix-Rousse depuis 10 ans avec ma mère et ma sœur, Aline, qui a 15 ans.

J'ai un caractère agréable, je pense, même si je suis un peu obstiné certaines fois. Je suis le sportif de la bande ! J'aime tous les sports mais surtout le skate. On organise des compétitions et des rencontres de temps en temps, avis aux amateurs ! Ce que j'aime le moins, c'est étudier, mais ça peut être utile, même pour un sportif ! Quand j'ai du temps libre, vous l'avez deviné, je m'entraîne au skate, je joue aussi au foot avec mes copains, ... et il y a l'association bien sûr !

Et finalement, mon grand rêve, c'est que le skate devienne une discipline olympique, mais je crois que je rêve vraiment, là !

UNITÉ 2

Piste 7 - Activité 1 B

Présentatrice – Nous avons aujourd'hui avec nous... Patricia, 15 ans de Nîmes et Laurent, 16 ans de Grenoble. Bonjour à vous. Nous commençons... euh... tout de suite. Le premier qui donne la réponse correcte gagne un point, s'il se trompe, le candidat passe le tour à l'adversaire. C'est bien compris ?

Patricia et Laurent – Oui, Marie-Laure, on a compris.

Présentatrice – Qui a créé, travaillé toute sa vie dans le mime, le théâtre muet ?

Patricia – Marcel Marceau !

Présentatrice – Bien ! 1 point. Quel chanteur né en Belgique a eu un succès énorme à Paris ?

Laurent – Jacques Brel !

Présentatrice – C'est ça ! 1 point ! Qui a écrit *Le petit prince* ?

Laurent – Molière !

Patricia – Non ! Saint-Exupéry !

Présentatrice – Oui, bonne réponse ! 1 point pour Patricia. Qui a commencé sa carrière de chanteuse très jeune, à 15 ans ?

Laurent – Vanessa Paradis !

Présentatrice – Exact ! 1 point. On continue ! Quel homme de lettres a représenté ses pièces de théâtre devant Louis XIV, qui a écrit des comédies pour critiquer la bourgeoisie ?

Patricia – Gauguin !

Présentatrice – Non, à toi Laurent ?

Laurent – Molière ?

Présentatrice – Oui, bonne réponse. 1 point ! Quel joueur de foot mondialement connu a commencé sa carrière à Marseille et l'a terminée au Real Madrid ?

Laurent – Zidane !

Présentatrice – Oui, Zinédine Zidane, en effet. 1 point pour Laurent. Nous cherchons un peintre qui a rendu célèbres les femmes, les fruits, les couleurs de la Polynésie française.

Patricia – Gauguin ou Van Gogh. Non non, Gauguin !

Présentatrice – C'est bien ça ! Gauguin. 1 point. Quel comédien né au Maroc a participé dans *Amélie Poulain* ?

Patricia – Djamel Debouzze !

Présentatrice – Exact ! 1 point pour Patricia. Dernière question... Qui est le créateur du sympathique personnage de BD Titeuf ?

Laurent – Zep ! J'adore !

Transcription des enregistrements

● **Présentatrice** – Oui ! Réponse exacte! Voilà vos scores – Patricia 4 points et Laurent 5 points !

Piste 8 - Activité 2E
Oh ! Louise Weber, elle a eu une vie bien compliquée ! Après ses belles années au *Moulin Rouge*, où tout le monde la connaissait et aimait sa manière d'être et de danser le cancan, elle est partie, toute seule. Et vous savez ce qu'elle a fait ? Eh bien, elle a décidé de travailler dans une foire, d'avoir son propre stand. Mais, elle a pas eu de chance, la p'tite Goulue ! Elle s'est mariée avec un magicien, qui est mort à la guerre, et elle a aussi perdu son fils et alors elle s'est abandonnée petit à petit, sans plus s'occuper d'elle, sans essayer de récupérer sa vie passée.Et puis, à la fin, malade et pauvre, elle attendait les clients qui sortaient du *Moulin Rouge* pour leur vendre des cigarettes, des allumettes... Vous voyez ? La pauvre ! Elle est morte toute seule, après tant de succès, oubliée de tous.

Piste 9 - Activité 3B
A. Oui, Eh bien, alors là ben, c'est moi, quand... j'avais... je devais avoir euh ... deux ans... Je suis allé au zoo avec ma grand-mère et je me souviens des... des lions.

Piste 10
B. Alors, sur cette photo, je devais avoir 4, 5 ans, c'est en classe de maternelle, je suis au milieu, là où il y a le petit cercle.

Piste 11
C. Ah là, je suis déguisé en indien. Tous les ans en fin d'année scolaire, c'était la kermesse, la kermesse de l'école. On se... on se déguisait, voilà.

Piste 12
D. Alors, sur cette photo, ohhh, c'est... c'est beaucoup plus tard déjà. Mmm... je devais avoir 18..., 19 ans et je faisais partie d'un groupe européen et on est tous là, en Hollande, à Utrecht, si je me souviens bien.

Piste 13
E. Ah, cette photo ! C'est en Tunisie... sur les ruines de Carthage. C'est avec euh... le... frère de ma belle-sœur, en fait. On.... il avait fait le guide et on avait visité les ruines. Très intéressant.

Piste 14
F. Alors là, euh... eh bien, c'est une photo plus récente. J'avais 36 ans, et, c'est le jour de notre mariage. Je suis donc avec ma femme, voilà !

Piste 15 - Activité 4A
su
tu
doux
rue
vu
fou

Piste 16 - Activité 4B
rue – riz – roue
vie – vue – vous
cru – cou – crie
fut – fit – fou
nu – nous – nie
lu – lit – loup
sous – scie – sue

Piste 17 - Activité 6A
● Alors, tu as passé de bonnes vacances?
○ Ouais ! Super, Marrakech ! On est parti dans le désert ! J'ai adoré !

Piste 18
1 ● C'est typique des Alpes ?
  ○ Oui, j'en ai mangé hier, c'est une raclette. Hummm ! Délicieux !

Piste 19
2 ● Tu as vu la Coupe du Monde ?
  ○ J'ai regardé un seul match, oh... ! Mais je n'ai vraiment pas aimé, c'est trop violent.

Piste 20
3 ● Mon frère Marc a lu les six tomes.
  ○ Eh ben ! Moi, j'ai lu le premier et je n'ai pas continué. J'ai trouvé ça trop nul.

Piste 21
4 ● Tu connais ce groupe ?
  ○ Oui, je les ai vus l'année dernière. C'était un méga concert. J'ai a-do-ré !

Piste 22 - Quartier Libre

un âne – HI HAN, HI HAN !
une poule – COT COT CORUT
une voiture – TUTUT, TUTUT
un coq – COCORICO, COCORICO !
un oisillon – CUI CUI, CUI CUI
un horloge – COUCOU COUCOU

Piste 23 - MATÉO ET ÉMILIE
La chasse au trésor

Matéo – Après le pont, tournez à gauche, l'ancêtre d'Internet va vous donner le prochain indice.

Ami 1 – Eh, regardez ! C'est La Poste !

Émilie – Au carrefour, un ange vous indique le chemin à suivre.

Émilie – C'est par là ! Regardez la fontaine devant nous !

Amie 1 – Tu as raison. Allons-y !

Ami 2 – Regardez, c'est là !

Matéo – Vite, vite, on est les premiers !

Ami 2 – Ah non !!!! C'est pas vrai !!!

BILAN DES UNITÉS 1 ET 2

Piste 24 - Activité 2

Journaliste – Julien Kelly, bonjour, vous nous faites le plaisir de passer quelques minutes sur notre radio. Parlez-nous de vous, de vos projets...

Julien Kelly – Bonjour à tous les auditeurs, je suis Julien Kelly, chanteur et acteur. En résumé, j'ai passé toute mon enfance en Normandie, dans une petite ville. Puis je suis parti à Saint Malo... au collège et au lycée, à l'internat.
J'ai commencé très jeune au cinéma, par hasard... Et aujourd'hui, je dirais que... je préfère les rôles comiques. J'aime m'amuser en travaillant. D'ailleurs mon nouveau film qui va sortir le mois prochain, s'appelle *Mon meilleur copain*, c'est une comédie sur fond d'amitié. Et c'est un peu mon histoire.

Journaliste – Et pour ceux et celles qui veulent vous connaître un peu plus, dites-nous un petit peu ... un de vos défauts, une de vos qualités ...

Julien Kelly – Eub, ben, voyons... mes copains disent souvent que je suis impatient. Et une qualité... ? Bon là, c'est plus facile – je suis un grand optimiste !

Journaliste – Merci, merci Julien Kelly pour ce moment passé ensemble. Donc, n'hésitez pas à aller voir Julien Kelly, qui joue dans le film *Mon meilleur copain* le mois prochain. Merci et....

UNITÉ 3

Piste 25 - Activité 1D

Oui, je me souviens très bien ! Je regardais beaucoup la télé en noir et blanc, il y avait des émissions avec plein de chansons... j'adorais Françoise Hardy « Tous les garçons et les filles de mon âge se promènent dans la rue deux par deux... », c'était fantastique... ah oui, j'me rappelle bien, j'ai demandé un tourne-disque pour mon anniversaire ! Mon père m'a dit en riant « ma petite Lucienne, le tourne-disque oui, par contre la mini-jupe... » Pour la mini-jupe, il était pas trop d'accord, c'était trop sexy... Mais toutes mes copines la portaient... et j'adorais aussi les bottes blanches... Ça m'allait bien... et puis y avait Michel, mon premier flirt... Pour mon frère, c'était plus simple pour les vêtements... Il travaillait bien, il était en Première, il écoutait beaucoup la radio, il adorait les Beatles... On avait le téléphone... Alors il téléphonait beaucoup à ses copains... Les parents n'étaient pas contents, ça coûtait cher ! Ils disaient toujours « le téléphone, c'est pour les grands ».

Piste 26 - Activité 4C

Alexia – Eh Justine, c'est moi, j'ai lu ton message, je préfère te parler directo, c'est plus sympa !

Justine – Ouiiiiiiii, moi aussi, toi ça va ?

Alexia – Ouais, pas trop avec les parents... ils ont dit non pour le week-end chez Chloé, mais toi dis-donc ça l'air d'être la forme, t'angoisses plus en maths, ça c'est super !

Justine – j't'l ai écrit, c'est Tania, la prof qui est cool, elle fait vivre les maths et aussi la géométrie avec plein d'exemples concrets...

Alexia – ... et en français, elle est comment ta prof ?

Justine – C'est « il », Monsieur Bernin, plutôt exigeant mais assez cool, mais comme j'aime bien la matière, pour moi il est bien, il nous demande toujours notre avis, on parle beaucoup avec lui, voilà...

Alexia – Et Alexandre ?

Justine – Alexandre ?

Alexia – Ok, ben... tu veux pas en parler... J'te quitte maintenant, j'vais à la piscine ! Ciao !

Justine – OK, ciao !

Transcription des enregistrements

Piste 27 - Activité 5A

● Qu'est-ce que tu fais Mamie ?

○ Je regarde des photos de famille. Marion, tu te souviens du mariage de l'oncle Marc ? Regarde cette photo !

● Oui, un p'tit peu, mais j'étais petite. Je me souviens du grand jardin où on jouait avec ma cousine Nadia. Regarde sur cette photo ! Wouah ! On a changé !!!

○ Oui, vous aviez huit ans. Mais vous étiez très très différentes. Toi, tu étais toujours en pantalons, tu aimais le foot, escalader...Elle, elle portait souvent des jupes classiques et elle avait toujours ses longs cheveux noirs ! Un peu timide aussi, ta cousine...

● Oh là là ! Et cette coupe de cheveux ! Heureusement que je les ai laissés pousser.

○ Et en plus tu es devenue une vraie jeune fille – avec tes petites jupes, tes jolis foulards colorés. C'est vrai que tu es coquette, maintenant !

● C'est sûr qu'avec ces lunettes bleues...

○ Depuis quand tu portes des lentilles ?

● Depuis l'année dernière. C'est tellement plus commode, dis donc ! Nadia a changé de style aussi ! Je la préfère avec ses cheveux courts. Beaucoup plus moderne ! Elle a l'air plus dynamique aussi. Elle a pas un peu maigri cet été ? Il me semble qu'elle a fait du sport pendant toutes ses vacances à la mer.

○ Enfin ! Les années passent et vous grandissez...

● Ooooh, mais Mamie ! C'est normal...

Piste 28 - Activité 6A

sale
châle
chien
sien
cesse
sèche
mange
manche
seize
chaise

Piste 29 - Activité 6B

seize
sien
manche
mange
châle
chaise
cesse

chien
sèche
sale

Piste 30 - Activité 6C

S'il fait chaud, ce pacha sans chapeau achète 100 mouchoirs de soie.

Charles et son chien cherchent des champignons.

Piste 31 – Quartier Libre « Les virelangues »

Un chasseur sachant chasser sans son chien est un chasseur qui sait chasser.

Les chaussettes de l'archiduchesse sont-elles sèches, archi-sèches ?

Piste 32 – MATÉO ET ÉMILIE
C'était un mauvais rêve

Émilie – Cette nuit j'ai fait un mauvais rêve.

Amie – Qu'est-ce que c'était ?

Émilie – Eh bien, c'était le Moyen-âge et j'étais la princesse et puis je vivais dans un grand château. Je me promenais dans les bois avec mon cheval blanc... C'était le printemps, tout était joli, il y avait des fleurs, des animaux...

Amie – Et pourquoi c'était un cauchemar ?

Émilie – Attends un peu... Tout à coup, une grenouille est apparue sur mon chemin !

Amie – C'était une grenouille magique ?

Émilie – Bien sûr ! Et c'est là que ça s'est passé – je l'ai embrassé !!!

Amie – Elle se transformait en prince...

Émilie – Non ! Elle s'est transformée en Julien !

Amie – Oh ! Comme c'est dommage !!!

Piste 33 - Activité 1B

1. Commence bien ta journée avec un bon petit-déjeuner – des fruits, des céréales, un yaourt... Fais le plein d'énergie !
Ceci est un communiqué du Ministère de la Santé.

Piste 34

2. ● Humm, dis-donc, tu sens bon toi !
○ Ah bon, tu aimes ?
Son secret ? C'est Eau fleurie, l'eau de toilette qui séduit !

Piste 35

3. Tu as entre 12 et 25 ans et tu aimes bouger ?
Voyage à petit prix avec ta carte jeune et profite de réductions jusqu'à 50% ! Pour plus d'informations, connecte-toi sur www.planetejeunes.com

Piste 36

4. La route, c'est pas un jeu vidéo. Dans la vraie vie, t'as qu'une vie. Penses-y !
Ceci est un message de la Sécurité routière.

Piste 37

5. ● Eh Arthur, tu fais quoi cet été ?
○ Ben moi ? J'pars 2 mois en Espagne !
● Mais... tu parles à peine espagnol !
○ Ben justement ! On a trouvé un super centre, y'a des activités trop bien !
● Ah ouais ?
○ Ben ouais, viens voir la brochure !
● Fais voir...

Piste 38 Activité 5C

1. C'est un objet petit et en fer. Il peut aussi avoir une partie en plastique. Il n'a pas de forme précise. On l'utilise pour accrocher de petits objets en métal. En général il est dans notre poche ou notre sac et on le cherche toujours. Quand on le trouve, on peut ouvrir notre porte.

Piste 39

2. C'est un objet de tissu à la forme arrondie. Il peut avoir beaucoup de couleurs différentes et quelques fois il y a une inscription dessus. Il sert à nous protéger du soleil et on le porte sur la tête.

Piste 40

3. Cet objet est en carton et en papier. Il est rectangulaire et plat. Il y a beaucoup de lettres à l'intérieur. Normalement les couleurs sont le blanc et le noir mais parfois il y a aussi des images ou des photos.

Piste 41

4. C'est un objet en plastique, il est long, il a une tête et des poils. Il en existe de toutes les couleurs. Normalement, on l'utilise trois fois par jour, mais surtout le matin et le soir avant d'aller se coucher.

Piste 42

5. Cet objet est en fer ou en plastique, il y a aussi une partie en verre transparent. Il peut avoir différentes couleurs et la forme peut changer un peu aussi. On l'utilise pour se protéger du soleil ou pour mieux voir.

Piste 43 - Activité 11

1. Tiens, goûte-le ! Je l'ai fait ce matin !
2. Mets-les sur le canapé s'il te plait !
3. Regarde-les, comme ils jouent ensemble !
4. Tu me le prêtes ? Le mien n'écrit plus.
5. Je ne peux pas le mettre, il est trop... trop sale.
6. Je ne les trouve pas. Tu les as mises où ?
7. Je le prends tous les matins pour aller au collège.

Piste 44 - MATÉO ET ÉMILIE
Le MPXXL

Ami 1 – Et tu peux aussi écouter de la musique ?
Matéo – Bien sûr, et même faire des photos.
Ami 2 – Il sert à quoi ce bouton ?
Émilie – Qu'est-ce que vous faites ? Ouah ! La chance ! Un MPXXL !
Matéo – J'l'ai eu pour mon anniversaire. C'est un cadeau de Mamie. Génial, non ?
Ami 3 – Mais... il est tout petit !
Ami 1 – Ouais, mais il a plein de fonctions.
Émilie – Tu peux l'utiliser en cours ?
Matéo – J'crois, ouais.
Matéo – Et voilà, maintenant on fait « OK » et c'est bon !
Émilie – T'as tout programmé ?
Matéo – Voilà ! Prêt pour le contrôle de maths !
Père – Tiens, un MPXXL ! Très pratique, mais j'espère que tu sais calculer de tête !
Matéo – Bien sûr !

Voix en off
– *Le lendemain, pendant le contrôle de maths.*

Matéo – Oh non ! Pourquoi ça marche pas ?

BILAN DES UNITÉS 3 ET 4

Piste 45 - Activité 2
Jules – Eh dis Papy, quand tu étais à Charlon, tu allais comment à l'école ?

Papy – J'allais avec Léon, mon grand-frère et on allait à pied, hein ? Un kilomètre à pied pour arriver au village !

Jules – À pied, non c'est pas possible et l'hiver ?

Papy – Ben ouais, l'hiver aussi, on avait froid, on faisait des boules de neige, on était content quand même. On arrivait tout mouillé en classe.

Jules – Y avait pas de bus ?

Papy – Non, pas de bus, c'était en 1930 ! Charlon, tu l'sais c'est un petit village. Mais après j'ai eu un vélo, j'avais 14 ans alors…

UNITÉ 5

Piste 46 - Activité 2A
Polo – Alors, vas-y raconte !

Max – Ouais, ben… on était en train de marcher tranquillement, Zaïra et moi, au bord du lac quand…

Polo – Quand quoi ?

Max – Eh ben… Quand on a commencé à voir les gens qui couraient… Ils avaient l'air effrayé ! C'est à ce moment-là que j'ai vu le tigre…

Polo – Un tigre! Vous avez dû avoir très peur !?

Max – En fait, je ne sais pas trop ce qui s'est passé… J'ai commencé à me sentir tout bizarre, j'avais pas peur…

Polo – Et tu n'avais pas peur avec le tigre devant toi ? Et Zaïra ?

Max – Eh bien justement….J'ai vu qu'elle était par terre… Alors, je l'ai prise dans mes bras. Je ne sentais pas son poids, je me sentais très fort.

Polo – Et alors ?

Max – Ben, … j'avais l'impression de voler… je volais, comme si j'avais des ailes !

Polo – Et les gens ?

Max – C'était la panique ! Les mamans criaient, les enfants pleuraient… J'ai laissé Zaïra avec un policier et je me suis assis sur un banc… Tout était bizarre autour de moi…

Polo – Et qu'est-ce que tu as fait ?

Max – Attends, à ce moment-là, il y avait plein de journalistes autour de moi et ils me posaient plein de questions… Tiens, regarde la photo qui est sortie dans le journal.

Polo – Dis donc, c'est quoi cette chemise ?

Max – Ben, justement, j'sais pas… j'ai pas de chemise comme ça, moi. J'comprends pas ce qui s'est passé…

Piste 47 - Activité 3D
1. Hier soir, la police a contrôlé cinq personnes qui travaillaient sur une épave, au large des côtes de Royan. « La Rougette », c'est le nom du bateau, transportait un petit trésor – des objets de l'époque gallo-romaine et des pièces en argent. Il a coulé pendant un voyage à cause d'une violente tempête. C'était en 1878, il y a bien longtemps ! Le responsable du groupe a expliqué qu'il avait eu l'autorisation officielle de fouiller le bateau et que son équipe était passionnée par la recherche de trésors au fond des mers.

Piste 48
2. On a appris aujourd'hui qu'une entreprise japonaise a proposé des plats de baleine au curry avec du riz à ses clients, pour le repas de midi. À la fin de la journée la caisse était bien pleine, ce qui confirmait le succès de cette initiative. On sait que les associations de protection des baleines ont toujours vivement réagi au massacre des cétacés et il est probable que le Japon sera de nouveau critiqué.

Piste 49
3. Jeudi 29 novembre 2007, un violent séisme a frappé la Martinique en plein après-midi. Beaucoup d'immeubles et de maisons ont subi de gros dommages. On a fermé les écoles pour une journée, mais la population a très bien réagi. L'administration a immédiatement pris les mesures exceptionnelles nécessaires et ainsi les gens ont retrouvé une certaine tranquillité et ont pu reprendre rapidement leurs activités.

Piste 50 - Activité 4C

● Sylvain, explique-nous ce qui s'est passé...

○ J'étais tranquillement en train de me promener au
bord de l'eau, il n'y avait personne, il faisait presque
noir et il y avait beaucoup de brouillard. On voyait
pas très bien l'horizon...

● C'était quand ?

○ La semaine dernière, le jour de la grosse tempête.
Il devait être 5 ou 6 heures du soir. Tout à coup, j'ai
entendu un drôle de bruit. Je pensais que c'était le
vent ou les vagues. J'ai regardé vers la mer et là, j'ai
vu une ombre géante qui s'approchait du rivage...

● Tu as dû avoir peur, j'imagine ?

○ J'étais terrorisé ! Mais j'avais tellement peur que
j'étais complètement paralysé !

● Est-ce que tu peux nous dire comment était cette
ombre ?

○ En fait c'était l'ombre d'un bateau, d'un vieux bateau
du temps des pirates et des corsaires. Il avait une
grande voile et en haut du mât, un drapeau qui
flottait... C'était un drapeau noir avec...avec une tête
de mort !!!

● Et qu'est-ce qui s'est passé à ce moment-là ?

○ Je voulais fuir – mais impossible. Alors j'ai entendu
une voix caverneuse qui m'appelait « Sylvain !
Sylvain ! » C'était un pirate comme dans le film
Pirates des Caraïbes !!! C'était comme un squelette
qui brandissait un sabre. Et puis j'ai vu d'autres
pirates, ils descendaient du bateau et venaient tous
vers moi...

● Et pourquoi n'as-tu pas demandé de l'aide ?

○ Il n'y avait personne. Je ne pouvais rien faire...

● Et alors ?

○ Après, je ne sais plus vraiment ce qui s'est passé. Je
me suis réveillé au poste de secours. Mais regarde
ce qu'il y avait dans mes poches – des pièces d'or et
un parchemin signé « Barbe Noire » !

Piste 51 - Activité 5C

1. Tu sais pas ce qui m'est arrivé hier, eh bien je suis
tombé dans les escaliers de la maison !

Piste 52

2. Génial !!! Fatima vient de m'appeler pour me dire
que l'interro de maths est annulée !!! Le prof est
absent toute la semaine !!!

Piste 53

3. Dis donc, tu sais pas qui j'ai vu dimanche dernier ?

Piste 54

4. Allô, Antoine ? C'est pas possible pour moi de venir
samedi prochain. Le médecin m'a interdit de faire
du sport pendant un mois.

Piste 55

5. Hier on est allé visiter une expo avec toute la
classe.

Piste 56

6. Au fait, y'a mes cousins de Paris qui viennent de
débarquer. Ils vont rester toute la semaine.

Piste 57

7. Y a une amie de ma grand-mère, eh bien, elle lit
l'avenir dans les lignes de la main.

Piste 58 - Activité 7

(Bruits mystérieux)

Piste 59 - Activité 8 A

Il chantait, elle a dansé, je mangeais, il cherchait, j'ai
commencé.

Piste 60 - Activité 8B

1. Magali a adoré le film qu'elle a vu hier soir.
2. C'était un film policier qui se passait à Paris.
3. Paul est rentré tard hier soir.
4. Tous les dimanches, les Mercier faisaient une sortie
à vélo.
5. J'ai été à Perpignan samedi dernier.
6. Elle a habité trois ans dans ce quartier.

Piste 61 - Quartier Libre

1. **Le roman de Renart**

Seigneurs, beaucoup de conteurs vous ont raconté
beaucoup d'histoires – l'enlèvement d'Hélène par
Pâris, le malheur et la souffrance qu'il en a retirés ;
les aventures de Tristan d'après le beau récit de la
Chèvre, des fabliaux et des chansons de geste. On
raconte aussi dans ce pays l'histoire d'Yvain et de
sa bête. Cependant, vous n'avez jamais entendu
raconter la terrible guerre entre Renart et Isengrin,
une guerre terriblement longue et acharnée. Ces
deux barons, en vérité, n'avaient jamais pu se
souffrir ; ils s'étaient souvent, c'est vrai, battus et
bagarrés. J'en viens à mon histoire. Apprenez donc
l'origine de leur querelle et de leur différend, la
raison et le sujet de leur discorde.

Transcription des enregistrements

(Texte reproduit avec l'aimable autorisation de GF-Flammarion)

Piste 62 - Quartier Libre
2. **Sur les chemins de la bohème**

Sur les chemins de la bohème
J'ai croisé le bout du monde
Des p'tits matins au café crème
Où je taxais ma première blonde
Avant de partir le pouce en l'air
À l'autre bout du bout du monde
Sur les chemins de la bohème
J'ai croisé la neige et le soleil
Une fille qui m'a dit je t'aime
Un soir où elle n'avait pas sommeil
Avant de partir le coeur en l'air
À l'autre bout du bout du monde
Sur les chemins de la bohème
J'ai parlé des langues étrangères
Mes pas poursuivaient un poème
Je me suis lavé à l'eau de mer
Avant de chanter des mots en l'air
Sur des musiques vagabondes
Sur les chemins de la bohème
On m'a chouravé ma guitare
Un vieil homme m'a donné la sienne
En me racontant son histoire
Et je lui dédierai cet air
À l'autre bout du bout du monde

Paroles : Florent Vintrignier, Olivier Leite
Musique : Olivier Leite
En attendant les vacances (2000)
(Avec l'aimable autorisation de © Salut O'Production)

Piste 63 - MATÉO ET ÉMILIE
Toujours des excuses
Matéo – Hier soir, j'ai été malade. Impossible de faire mes devoirs.
Ben, en fait, c'était l'anniversaire de ma grand-mère, elle fêtait ses 95 ans...
J'étais en train de faire mes devoirs quand mon père a renversé son café sur mon cahier. Ah non...
Impossible de retrouver mon cahier ce matin, mon père est parti avec au travail !
Professeur – Matéo, et les exercices qui étaient pour aujourd'hui ?
Matéo – Euh... Je pensais que c'était pour demain, Madame. Demain je les apporte sans faute !

UNITÉ 6

Piste 64 - Activité 5C
1 ● Allez Maman! Je m'en occuperai bien ! Promis – je le promènerai tous les jours après l'école, je jouerai avec lui dans le jardin, je lui donnerai à manger.
○ Antoine, non ! La maison est trop petite pour un chien ! Et puis, qu'est-ce qui se passera, pendant les vacances ? Qui le gardera ? Et quand tu partiras à l'université, c'est ton père et moi ? On devra s'en occuper de ce chien ? Non, désolée, Antoine ! La discussion est close !

Piste 65
2 ● Alors, combien il coûte ce magnifique oiseau ?
○ Pas très cher, Mademoiselle – 1000 euros. Mais attention, c'est une espèce de perroquet très rare. Ses plumes sont d'un bleu magnifique... Regardez-le !
● Et, par curiosité, il peut parler ? Enfin, répéter ou apprendre des mots ?
○ Oui, oui, il est très intelligent. Mais alors, c'est très important de parler avec lui tous les jours.
● Très bien, très bien. Je le prends ! Allez, c'est décidé !

Piste 66
3 ● Oh ! Ce pauvre chat, il a eu une vie pas très agréable. Il a été maltraité, abandonné dans la rue. Nous l'avons trouvé, amené au Centre de la Société Protectrice des Animaux. Il est vacciné et très gentil.
○ Il n'est pas agressif ? Avec toutes ces personnes qui lui ont fait mal ?
● Non, non. C'est un chat très doux et indépendant. Il lui faut une famille qui veut bien s'en occuper, lui donner de l'affection et bien à manger. Ce sera parfait. Vous le voulez ?
○ Oh oui, on va bien s'en occuper, hein Pierre ? Tu lui donnes un nom ?
■ Euh... d'accord. Moustache, je crois.
○ Super ! Allez Moustache, tu vas venir avec nous !

Piste 67 - Activité 6B
1. Pour toi, je vois un chemin clair et sans obstacles – tu travailleras à... Paris... avec les dernières technologies. Tu inventeras un nouveau programme

informatique pour… pour la sécurité automobile. En plus de ton travail… je vois que tu entraîneras une équipe… une équipe de basket… l'équipe de basket du collège de tes enfants. Et… je vois que… justement tu auras trois enfants !

Piste 68

2. Tu t'appelles Béatrice et… je vois pour toi, Béatrice, des images exotiques, des odeurs… des odeurs de fruits, de forêts…tu voyageras loin… en Chine. Tu habiteras à… Pékin sans doute. Et puis, je te vois partir avec des amis pour visiter des temples, … des temples bouddhistes et puis tu habiteras au Viêtnam aussi.Tu travailleras pour un musée. Un musée… un musée archéologique. Plus tard, je vois des expositions, je vois des photos… Oui, je pense que tu organiseras des expositions de photos. Euh… je ne vois pas d'enfants… ni de mari.

Piste 69

3. Alors, voyons voir, … ton futur, eh bien… ton futur sera marqué par euh… l'environnement, … la protection de l'environnement, plutôt. Cette carte me dit que tu continueras… ah oui, c'est ça… tu continueras à faire du VTT le dimanche, mais tu iras loin. Je vois une coupe, tu gagneras des courses. Mais, je vois des animaux et ta passion pour les animaux… tu vas travailler dans un zoo, dans le sud de la France… un port… Marseille, il me semble. Tu chercheras de nouveaux spécimens… des spécimens de serpents… et tu les exposeras dans ce zoo.

Piste 70

4. Sonia, …Oh là là ! Sonia !! tu vivras vieille, très, très vieille ! Après le lycée, tu… je vois un avenir plutôt sportif, tu feras une formation pour être professeur d'aérobic. Et puis je te vois dans un petit village dans les Pyrénées. Et puis … je vois … un jardin… un jardin très, très grand. Tu y cultiveras … des fruits, des légumes… des produits biologiques et tu finiras par créer une nouvelles marque de confiture. Oh ! ça marchera bien ! Et…tu auras un mari, vous adopterez deux enfants.

Piste 71

5. Euh… Je vois une ville, une grande ville, oui, c'est ça, tu habiteras à Lyon. Et… et tu seras un grand journaliste. Je vois autour de toi des enfants, des enfants… malades… des couleurs… un spectacle.

Ah ! oui, … Pendant ton temps libre, tu feras partie d'une… d'une association… euh… une association de clowns pour ces enfants justement… les enfants malades, qui sont à l'hôpital.

Piste 72. Activité 6 C

Yoann – Ah ! C'est cool ! J'entraînerai une équipe de basket ! Ouais, ça me va bien !

Béatrice – Le Viêtnam, les voyages ! Oui, ça a l'air bien ! Mais, je ne travaillerai pas dans le cinéma ? Parce que, je voudrais commencer mes études de cinéma, moi ! Ah, non, je suis pas d'accord !

Théo – Moi, des compétitions de VTT ! Génial ! Et puis, si j'arrive à travailler en contact avec la nature et les animaux, c'est parfait !

Sonia – Mmmm ! Je fabriquerai des confitures ! Et en plus, j'habiterai dans les Pyrénées ! J'adore la montagne. Je connaîtrai tous les gens du village si je suis prof d'aérobic ! C'est amusant !

Stéphane – Oh là là ! C'est différent de ce que j'imaginais. Je ne travaillerai pas dans le monde du cirque ? Et la photo, alors ? Ah ben non alors ! Travailler dans un hôpital, c'est bien, mais moi je préfère aller en Amérique Centrale ou en Afrique aider les gens.

Piste 73. Activité 10 A

danger
baleine
demain
deviner
profession
entraîner
vraiment
animaux

Piste 74 . Activité 10 B

médecin
enfants
quand
bien
habiterons
dauphin
environnement
requin
pollution
imaginons
conseil
trente

Transcription des enregistrements

Piste 75.
MATÉO ET ÉMILIE
Qu'est-ce que tu veux faire plus tard ?

Professeur – Voici M. Lancien, il est égyptologue. Il présentera son métier et ensuite il répondra à vos questions.

M. Lancien – Bonjour !

Éleve 1 – Et vous, vous avez déjà vu une vraie momie ?

M. Lancien – Ben... oui, il a 2 ans nous avons...

Matéo – Trop classe ! Ça fait peur ?

Élève 2 – Et les pyramides, c'est comment ?

Élève 3 – Et les pharaons ?

Professeur – Passionnant, merci beaucoup M. Lancien. Demain vous devrez remplir vos fiches d'orientation pour le lycée. Pensez bien à votre futur métier !

Matéo – C'est chouette égyptologue ! Et vous, vous voulez faire quoi plus tard ? Moi je serai astronaute !

Émilie – Mais t'es fou ! Avec la chance que t'as, tu resteras en orbite !

Matéo – Et si elle avait raison... Quelle horreur ! Vétérinaire dans un zoo ?

Gardien du zoo – C'est lui, le lion qui a mal aux dents.

Matéo – Pourquoi pas cascadeur ?

Metteur en scène – Allez ! On la r'fait.

Voix en off – Le lendemain

Ami 1 – Eh, salut ! Ça va ?

Émilie – Oh la la ! Quelle tête !

Matéo – Pfff... Pas facile de choisir un métier !

BILAN DES UNITÉS 5 ET 6

Piste 76 - Activité 2

● Hé, écoute ça ! C'est incroyable !

○ Quoi ?

● À l'aéroport de Lyon, les policiers ont trouvé un chien dans une consigne !

○ Dans une quoi ?!

● Une consigne à bagages. Tu sais, euh... les casiers pour laisser tes bagages.

○ Ah oui... et il y avait un chien dedans ?!

● Oui ! Il est resté 3 jours à l'intérieur, le pauvre !

○ Non ?! Et comment les policiers ont su qu'il était là ?

● Eh bien, c'est un serveur d'un bar de l'aéroport qui a entendu des bruits en passant devant le casier. Il a trouvé ça bizarre alors il a appelé la police.

○ Ben dis donc ! Et le chien alors ? Il va bien ?

● Oui oui. Il avait de l'eau et des croquettes, mais quand même, les gens exagèrent !

○ Et les propriétaires alors ?

● Eh bien, à leur retour, les policiers les attendaient et ils les ont arrêtés quand ils sont allés chercher leurs bagages.

○ Et pourquoi ils ont fait ça ?

● Parce qu'ils voulaient passer 2 jours à Rome avant de rentrer à Paris, mais ils ne voulaient pas payer le supplément pour le chien, alors ils l'ont laissé à la consigne, avec le reste de leurs bagages. Non mais tu te rends compte ?!

○ Ouais, vraiment, il y a des gens qui ne méritent pas leur animal ! Il est où le pauvre chien maintenant ?

● Pour l'instant, au poste de police. Les policiers aimeraient le garder avec eux !